古代マヤ暦 ミラクル子育て

子どもの「未来」「役割」「本質」がわかる

越川 宗亮

コスモ21

古代マヤ暦ミラクル子育て・・・も・く・じ

プロローグ　誰もがみんな子育てで悩んでいる　11
・マヤは他の分析や占いなどとはまったく違う　13／・二冊の「古代マヤ暦」の本を出版して　15／・マヤで子育てにミラクルが起こる！　17

1 深遠なる「マヤ」の叡智で賢い子育てを

子育てにも有効な驚くべき「マヤの三つの叡智」　22
1・自己所有なしという「0」の知恵　22
・子どもは「天からの授かりもの」か？　23／・子どもにとってなにが一番幸せか　26
2・「統合意識」と「分離意識」　28

2 自分の心、本質がわかれば理想的な子育てができる

・子どもの教育、人間関係でも一体感が一番 28／・子育てでも気をつけたい「分離意識」 29／・「子どもが許せない」と思ったときは 32／・相手を尊重する「縦の心」とわがままな「横の心」 33

3．すべては準備されている 37

・結果は神の領域 39／・大学の校風は創設者のKINナンバーを反映 40／・「跡継ぎ」はあらかじめ決まっている 42

「本来の役割」に気づけばおのずと道は開ける 44

親子関係の悩みはすべてマヤでひも解ける 48

コラム①　「マヤ」を知って子育てが変わった 52

あなたの本質がわかる「マヤの20の紋章」 56

まず自分の紋章を割り出そう 57

赤い龍　テーマ　生命大切に　慈愛　59

白い風　テーマ　メッセンジャー　共感　62

青い夜　テーマ　夢、豊かさ　63

黄色い種　テーマ　気づき、目覚め　65

赤い蛇　テーマ　自己コントロール　66

白い世界の橋渡し　テーマ　橋渡し　手放す　67

青い手　テーマ　体験　癒し　68

黄色い星　テーマ　美意識　芸術　70

赤い月　テーマ　新しい流れ　ミッション　71

白い犬　テーマ　家族愛　忠義　73

青い猿　テーマ　ユーモアと笑い　喜ばせる　74

黄色い人　テーマ　楽しみ　充足感　75

赤い空歩く人　テーマ　教育熱心　感受性　76

白い魔法使い　テーマ　許容範囲を広げる　77

3 あなたの子どもを輝かせ 周波数を高める育て方

青い鷲 テーマ 先見性 心 79

黄色い戦士 テーマ 挑戦 チャレンジ 80

赤い地球 テーマ 心のつながり 絆 82

白い鏡 テーマ 内面を見つめる 83

青い嵐 テーマ チェンジ 変革 84

黄色い太陽 テーマ 無条件の愛 与える 86

コラム② 反対KINの姉妹の育て方 88

「マヤ」で子どもの本来の役割、使命がわかる 92

赤いグループ

・「赤い龍」の子ども 元気いっぱい、頼れるリーダータイプ 96

・「赤い蛇」の子ども スキンシップが大好きなまっすぐな子 98

- 「赤い月」の子ども　一つのことに徹する一流志向
- 「赤い空歩く人」の子ども　感受性が強く大人びた良識派
- 「赤い地球」の子ども　バランス感覚にあふれ絆を大事にする 101

100

103

白いグループ

- 「白い風」の子ども　繊細で傷つきやすく自分の気持ちをわかってほしい 107
- 「白い世界の橋渡し」の子ども　人付き合いがよく人とのかかわりの中で育つ 108
- 「白い犬」の子ども　家族思い。自分の信念を貫く
- 「白い魔法使い」の子ども　常にベストを尽くすがんばり屋さん 110
- 「白い鏡」の子ども　自立心が強くルールを守るきっちりした子 112

114

青いグループ

- 「青い夜」の子ども　自分の世界をしっかり持った現実派 117
- 「青い手」の子ども　神のごとき手の持ち主。手を使うことで人生が輝く

- 「青い猿」の子ども　人生ひらめきで楽しく生きる自由人　119
- 「青い鷲」の子ども　鋭い観察力を持った聡明な子ども　120
- 「青い嵐」の子ども　なにに対しても全力投球。人々を巻きこむ力がある　122

黄色いグループ　124

- 「黄色い種」の子ども　探究心が強く、熱中するものを持つことで輝く　128
- 「黄色い星」の子ども　芸術的センスのある感性豊かな子ども　129
- 「黄色い人」の子ども　型にはまらない自由人　131
- 「黄色い戦士」の子ども　実直で飾り気のないチャレンジャー　132
- 「黄色い太陽」の子ども　周りをパッと明るくする主人公タイプ　135

4 神秘の「マヤ」を活用すれば親子関係が驚くほどよくなる

親子関係の決め手は「間の取り方」にあった 138
親子の「関係性」の出し方 139
親子の紋章で関係性がない場合 143
親子が同じ紋章の場合 146
類似の関係——理想的な親子 148
神秘の関係——距離が近いので逆なですることも 149
反対の関係——自分の幅を広げよう 150
ガイドの関係——親が子どもを助けるか子どもが親のガイドか 150
マヤが教えてくれる子育て 151
関係性がなくてもおじいちゃん、おばあちゃんが…… 155
宇宙の采配は実にうまくできている 156

親子が同じ紋章　似ているがゆえに大ゲンカにマヤで著名人の親子の関係性を解き明かす　157
・関根勤・麻里親子 158／・石川遼親子 158／・イチロー親子 160／・浜口京子・アニマル浜口親子 159／・原辰徳監督とお父さん 161／・長嶋茂雄一家 162／・貴乃花とお父さん（元大関・貴ノ花）163／・明石家さんま、大竹しのぶとIMALU 164／・ボクシング亀田兄弟 165

エピローグ　日本人の心の豊かさはどこへ消えてしまったのか？　166

西暦とマヤ暦の対照表

プロローグ 誰もがみんな子育てで悩んでいる

私は現在、マヤ暦のセミナーや講演のため、全国を飛び回っています。そこでみなさんから相談を受ける機会がよくあるのですが、中でも多いのが「子育ての悩み」です。

「うちの子どもはちっとも親のいうことを聞かない」
「子どもの反抗がひどく、どう接していいのかわからない」
「不良グループに入ってしまい、家に帰って来ない……」
「うちの子は学校で友達がいないようだ」
などなど……。

私も一児の父ですが、子どもは親にとって幸せの根源である一方、子どもの成長とともにどんどん新たな問題が起こってくるものです。そういった意味では悩みはつきません。

また、子どもにはそれぞれ個性があり、性格もさまざまですから、「この方法がいい」という「公式」のようなものがなかなかありません。その結果、多くの親御さんは悩みながらも手探りで子育てを行っているのが現状かと思います。

しかし、この子育ての悩み、問題のすべてに明確な答えを出せるものがあったのです。かつて中南米に栄えたマヤ文明。その中核を担う「マヤ暦」に大きなヒントが隠されていたのです。マヤはそれぞれの子どもに対して個別に、「どう育てればよいのか」、「どう接すればよいのか」ということをきわめて明確に教えてくれます。

子どもにとってどんな方向性がよいのか、なにが幸せなのかというと、それはその子の本来の姿、役割に生きることが一番よいのです。それこそがその子がもっとも充実したよい人生を送るための最大の鍵だといえるでしょう。

ところが親というのは得てして、子どもを自分と同じように考え、自分の考えを押し付けてしまうものです。その結果、子どもにひずみが生じてしまい、数々の問題が起こってしまいます。

親としてもっとも大事なことは、その子がどんな子どもか、なにを人生に求めてい

プロローグ　誰もがみんな子育てで悩んでいる

のか、その子の役割・使命はどんなことなのか、その輪郭を知ることです。それが子どもの本来の姿を知るということです。

そのための最強のツールが「マヤ暦」だと、私はさまざまな相談に応じるなかで確信するに至りました。

マヤを知らずして子育てをするのは暗闇の中、手探りで道を探し歩くようなもの。しかし、マヤの叡智を借りさえすれば、道はスポットライトに照らされたようにパッと明るく開け、進むべき方向性が明確になるのです。

マヤは他の分析や占いなどとはまったく違う

マヤ暦では「13」というサイクルが存在します。13とはほかならぬ「自然のリズム」なのです。月の満ち欠けは1年間で13回、女性の月経も1年間に13回といわれます。

この自然のリズム13を使っているのは、マヤ暦以外どこにもないのです。13という

サイクルを使うからこそ、すべてを奥底まで見通すことができるのです。

大自然の叡智を生かしたマヤは「自然や天体との共鳴」の中で、ことの本質を探っていきます。そこに他の分析とか占いなどとの大きな違いがあるのです。

マヤが教えてくれるもの
- その子がどんな子か
- 父方の影響が強いか、母方の影響が強いか
- 手のかかる子どもかどうか
- その子の持って生まれた役割・使命
- その子にどう接すればいいか
- 親子の間の取り方
- どの子がその家の跡取りとなっているか
- その子に合った育て方

プロローグ　誰もがみんな子育てで悩んでいる

二冊の「古代マヤ暦」の本を出版して

私は人間学研究家として特に「マヤ暦」を用い、これまで『古代マヤ暦「13の音」占い』『古代マヤ暦「20の刻印」』（コスモトゥーワン刊）の2冊の本を出版しましたが、いずれも大変好評をいただき、版を重ねています。

また、雑誌などでも大きく取り上げられ、その反響の大きさに自分で驚いているほどです。

マヤのすばらしく秀でているところは、古代から続く自然の叡智でありながら、非常に実践的で生活に即、応用がきくという点です。というよりも、マヤは現代生活に応用してこそ、その真価を発揮できるツールなのです。

多大なる反響をいただきましたが、企業の人事、医療、婚活など実にさまざまな分野の方々がマヤを活用してくださっていることは感無量です。

たとえば過日も、ある地方の自治体に招かれて婚活セミナーを担当させていただき

ました。その地方では嫁不足で独身者の数が増えており、婚活は重要な課題となっているとのこと。

担当者の方がマヤを知り、婚活にマヤを活用したら盛り上がるのではないかと、私を講演者として企画し呼んでくださったのです。

まさに婚活にはマヤがうってつけです。マヤによって相手の本質が手に取るようにわかりますから、結婚相手を見定めるうえでこんなにすばらしいツールはありません。

また、二人が一緒になった場合、その家庭の青写真を提供することも可能です。

一方、企業の人事でマヤを活用しているところも増えてきました。マヤを使って人材を配置すると、非常によい人間関係・環境が整うのです。

私も多くの企業にアドバイスしていますが、マヤを使うことで「人事や採用の悩みが格段に減った」と、どの会社でも等しく喜んでいただいております。

たとえばある会社では、マヤで見てみると、配置や組織の仕組みがかなり「もったいないこと」になっていました。残念ながらほとんどの人が強い責任感を持って、その人の本質を活かすという組織には、なっていなかったのです。

プロローグ　誰もがみんな子育てで悩んでいる

そこで会社組織より、協同組合的組織に変更し責任感の強さを存分に発揮しやすくしたのです。

そこで組織転換と配置換えを行ったところ、会社の雰囲気が非常によくなったうえ、業績も急上昇したとの報告がありました。やはりその人の持ち味を活かすのが大事で、その後、当然のごとく業績にも大きく影響したのです。

マヤで子育てにミラクルが起こる！

このようにさまざまな反響をいただいた中、やはりこれは急務だと思ったのが「子育て」に関することでした。

学校の先生や関係者からよく聞く言葉があります。「子どもたちが5年前とは全然違う……」と。

子どもは普通、家ではダラダラして相対的にみれば「悪い子」です。親のいうことも聞きません。

でも学校ではシャンとして「よい子」なのです。ところが、最近では家では「よい子」なのに、学校では「悪い子」が増えているというのです。先生のいうことは聞かない、他の子どもをいじめる、授業中に騒ぐなど、家では想像もつかないほど態度が悪いというのです。

親は学校での子どもの態度を聞いてビックリし、「うちの子に限ってそんなはずはありません」というのですが、こういうケースが非常に増えているのです。

それはなぜかというと、前述のようにやみくもに親が自分の思いを子どもに押し付け、なおかつ怖いイメージを持たれているからです。子どもの本来の姿を理解しないままに、子どもを親の思いどおりに操ろうとするからです。

その結果、子どもは親の前では「よい子」を取りつくろい、そのひずみが学校で乱暴な言動となって現れるのです。家でリラックスできないから、学校でうっぷんを晴らしているのです。

一生懸命育ててきた子どもがどうしてこうなってしまったのだろう……、と親は悩みますが、そこでいくら子どもにいろいろいっても効果はありません。子どもを変え

プロローグ　誰もがみんな子育てで悩んでいる

る前に親の意識を変えることこそが大事なのです。発想を転換し、子どもへの考え方や接し方を変える。そうすれば子どもは驚くほど変わります。

子育ては日本の未来にかかわることです。子どもは国の宝。私たちはみな共同作業で、明日の日本を担う人材を育てていかなければなりません。そのためにはその子の本質、魂の求める方向性、進むべき道を知り、その方向を伸ばすことがなによりも大事です。

まずはあなたのお子さんがどんなお子さんなのか、どんな役割・使命を持って生まれてきたか、それを知ることからはじめましょう。

もしかしたらお子さんは親御さんが思っていたタイプとは正反対の気質を持っているかもしれません。誰もが驚く特別な才覚があるかもしれません。

そのすべてをマヤが教えてくれるのです。

人間学研究家

越川宗亮

1

深遠なる「マヤ」の叡智で
賢い子育てを

子育てにも有効な驚くべき「マヤの三つの叡智」

主に子育てにも大いに活用できる「マヤの叡智」を三つの観点からみてみましょう。

1. 自己所有なしという「0」の知恵

マヤ人には「自己所有」という概念がまったくありませんでした。実は「0」という概念を最初に発見したのはマヤ人です。「0」の概念を「子育て」に当てはめると、まず子どもに対して勝手な考えをやめる、思いこみを捨てるということになります。

自己所有の概念を持つと、人はどうしてもわがままな面が表出してきます。我が強くなると我欲が増し、「もっとほしい!」「もっと増やしたい!」と、際限なく欲望が湧いてくるのです。

1　深遠なる「マヤ」の叡智で賢い子育てを

我を捨て、「自分のもの」ではなく、「この世にいる間にたまたま使わせてもらっているだけ」「借りているだけ」と発想を転換させれば、どんな人にとっても人生はぐっとラクになるはずです。少しだけ視点を変える、ちょっとだけ見方を変えれば、誰でも人生は今までとはまったく違うものとなります。

ここにさまざまな問題解決のヒントが隠されているといってもよいでしょう。

子どもは「天からの授かりもの」か？

よく「子どもは天からの授かりもの」といいます。しかしマヤの「０」の概念からすると子どもは授かりものではなく、「預かりもの」となります。

「授かったもの」はつまり「自分のもの」と思ってしまいがちです。そうすると子どもを自分の意のままに操ろうとしてしまうのです。

そうではなく「意味あって預かったもの」ととらえれば、「一人前にしてお返しする」という気持ちが働きます。預かった命を一人前にして社会にお返しする。親はそのた

めのサポート役という立場です。そしてそれは親本人の学びでもあり、成長にもつながるのです。

また、その発想によって子育てはとてもシンプルで、子どもへの執着もなくなってきます。それゆえより楽しくなるはずです。

ノーベル平和賞を受賞したマザー・テレサは、患者の一人ひとりをイエス・キリストそのものだと思って誠心誠意大切に扱ったといいます。

これは子育てに対しても究極のあるべき姿ではないでしょうか。

子どもに対して「こうなってほしい」「こちらの道に進んでほしい」と自分の思いをぶつけること、過度の期待を持つことは、子どもに対する執着心の表れでもあります。それは子どもにとって決していい結果とはならないでしょう。

自己中心的な執着を捨て、手放すことが、子どもにとっても親にとっても幸せになる道にほかならないと思えるのですが……。

こんな例があります。30代の男性で会社を経営している人ですが、お金があるのをいいことに非常に多くの女性と付き合い、妊娠させては捨てるということを繰り返し

1　深遠なる「マヤ」の叡智で賢い子育てを

ている、評判の札付きです。お金はある程度あるかもしれませんが、本人の心は決して満たされることがなく、幸せとは程遠いものです。

聞けば彼の両親は母親が歯科医、父親は大学教授。子どものころから「将来は医者か学者に」と過分な期待を持って育てられてきたそうです。しかし、医者も学者も決して本人のやりたいことではなかったのでしょう。

本質を否定されて生きてきたため、彼は満たされず、いろいろな女性と付き合うことでうっぷんを晴らしてきたのです。

親は「将来医者になれば経済的に安定した暮らしができる」「大学教授といえば社会的地位があるから」と子どものためを思ってそちらの方向に先導したのでしょうが、それこそが「我」であり「執着」です。子どもは両親に認められた記憶がないのです。

子どもは本来、持って生まれた方向、役割に向かうことがベストです。

もちろんたまたま「親の期待する方向性」と「子どもの行きたい方向」が一致することもあるでしょうが、それにしても過度な期待を寄せるのは子どもに余分なプレッシャーを与えてしまいます。

子どもにとってなにが一番幸せか

本当の姿のままに生きれば、それが一番その子の魂を輝かせることであり、これ以上に幸せなことはありません。そして子どもの幸せな姿を見るのが親にとって最大の幸せではないでしょうか。

それを「こっちに行きなさい」「こっちのほうが将来のためよ」といって人工的圧力を付加すると、子どもは本来の自然な姿を見失うのです。親が自分の感覚で右だとか左だとか操作するのは、決してベストでもベターでもありません。

それを実行するためには勇気も必要です。

「子どもの自由にさせたらおかしな方向に行くのではないか」「道を誤るのではないか」と心配になるかもしれません。しかし、それは子どもを認めておらず基本的にあまり信用していないからそう思ってしまうのです。任せられないのです。

たとえば地方から上京し、銀座の寿司屋に飛び込んだとします。そこで「お任せ」

1　深遠なる「マヤ」の叡智で賢い子育てを

とはなかなかいえないものです。「どのくらいかかるのか」「自分に払えない値段をいわれたらどうしよう」と心配になるからです。しかし、近所のなじみのお寿司屋さんであれば安心して「お任せ」といえます。

その違いはなにかというと「信頼関係」にあります。人間は信頼関係がなければ任せることができません。子育てもそれと同じで「子どもを信じる」こと「信じる心」が大事なのです。

子どもは自分が親に「理解されている」「認められている」「信用されている」と実感している場合、基本的に親を悲しませることは避けるでしょう。年齢とともに、心が育ってくれば自然な形で「孝の道」を行くことになるのです。これが自然の道理なのです。

さまざまな相談にのりながら思うのは、あまりに心配症な親御さんが多いという事実です。もっと子どもさん自身やその可能性、持って生まれてきた才能や長所を信じてほしいのです。

マヤを知れば、子どもさんの大いなる希望の一端が見えてきます。子どもさんには

洋々たる未来が待っているのです。

2.「統合意識」と「分離意識」

子どもの教育、人間関係でも一体感が一番

マヤの挨拶に「イン・ラケッチ」という言葉があります。英語の「ハロー」に相当するものといっていいでしょう。

この「イン・ラケッチ」の意味は、「私はもう一人のあなた、あなたはもう一人の私」といった意味合いです。つまり「あなたと私は一つ」という「統合意識」そのものを表しています。

これぞマヤの叡智の根底にある基本的な考え方です。

人間関係でなにが一番の喜びかというと、心からの「一体感」を感じる瞬間です。

1　深遠なる「マヤ」の叡智で賢い子育てを

もちろん親子関係においてはなおさらのことです。

親と子が一体感を持ち、お互いに信頼し合うこと。トラブルやつらいことがあっても一緒に乗り越えていくという、この一体感の姿勢こそが、すべての子育ての問題を解決し、悩みを解消する唯一の方策だと思います。

もちろん職場や近所などの人間関係においても同じです。人は「一緒に考えましょう」「一緒にやりましょう」といわれると、さびしさが吹き飛び、自分を理解してくれているように感じ、喜びを感じるものです。

「一緒に」というのは人間関係を円滑にする〝魔法の言葉〟といえるでしょう。

子育てでも気をつけたい「分離意識」

「分離意識」という概念があります。これは「統合意識」とまったく真逆の言葉で、物事を分けて見ようとする意識、離れさせようとする意識です。

たとえばなにかの集まりがあってみんなで和気あいあいとしていたのに、あるとき

から突然来なくなる人がいます。これはその人がなんらかの理由があって居心地が悪くなり、分離意識を持ってしまったというのが、大半の理由でしょう。
一体感を持てなくなると心が離れはじめるのです。これが「分離意識」です。
「自分のいうことが通じない」「わかってもらえない」、「認めてもらえない」これらもそうです。この意識を持ってしまうと人は疎外感を持ち、さびしい気持ちになり人間関係に溝ができやすくなります。この「さびしさ」が分離意識の典型であり、人生を回り道させる最大の要因ともいえるでしょう。
たとえば暴走族、不良少年にインタビューしたとします。「親に認められていますか?」「わかってもらえていると感じていますか?」と。このとき、大半の少年たちは「親には認められず、わかってもらってない」と答えるはずです。
私が思うには、この「親に認められていない」という「さびしさ」を感じたことが、彼らが〝脱線〟したポイントになったに違いありません。
人間関係の多くのトラブルはこの分離意識からきているといって過言ではありません。分離意識がある限り、悩みが消えることはありません。

1 深遠なる「マヤ」の叡智で賢い子育てを

子育てにおいてもこの「分離意識」を持たない、持たせないが、大きなテーマとなります。

たとえば「比べる教育」は決定的な分離意識を生みます。

兄弟がいて、兄と弟を比べる。これはお互いに分離意識を持たせる教育です。優越感、劣等感を比べるとどちらかが優越感を持ち、どちらかが劣等感を持ちます。兄弟どちらも子どもにゆがみをもたらします。

そして比べられて育った兄弟は、必ず仲が悪くなります。

それから親が子どもを「変えよう」とする意識、これも分離意識にほかなりません。「子どもを変えよう、子どもに気づかせよう」というのは、子どもに対してなんらかの優越感を持っているからにほかなりません。親はついつい「自分が正しい」と思いがちですが、「自分が正しい」という意識がすでに分離意識です。

『バカの壁』（新潮社）がベストセラーとなった養老孟司さんの著書の題名に『希望とは自分が変わること』というのがあります。

人を変えようとするのは困難が伴います。そうではなく、自分が変わればそこに希

望が見えてくるのです。また不思議なもので時間とともに相手も変わるのです。

「子どもが許せない」と思ったときは

「うちの子はいつもダラダラして時間を守れない」
「飽きっぽくて一つのことに集中できない」
「言葉でちゃんと説明せずに急に感情を爆発させるから困る」
得てして親というものは、子どもの悪い面に目がいきがちです。ここがよくない、ここを直したいなど、それぞれいろいろ不満点があるものです。
なぜ子どもの悪い点にばかり注目してしまうのでしょうか。
マヤ暦研究家で医師でもあるカール・コールマン博士は「目の前に嫌いな人がいる場合、間違いなく自分の中に嫌いな自分がいる」と語っています。
つまり子どもが許せない、人が嫌いというのは、自分の中にも許せない自分、嫌いな自分がいるという論理です。自分の中に許せない部分、嫌いな部分があるから共鳴

— 32 —

1 深遠なる「マヤ」の叡智で賢い子育てを

してしまうのです。許せない、嫌いという思いは自分を苦しくさせるだけです。相手を許せば、その瞬間、心にやすらぎと平安が訪れるのです。

相手を尊重する「縦の心」とわがままな「横の心」

私の考えた言葉ですが、「縦の心」と「横の心」というものがあります。これは人の持つ心の方向性を表したものです（次図参照）。

考えてみれば「横」がつく言葉にあまりよい言葉がありません。

横柄、横暴、横着、よこしまなどなど……。「横の心」とは、気まま、自分の思い、感情、我欲などを指します。

この心は、「我」そのものということができます。「我」の本質は「プライド」と「執着心」です。この延長上にトラブルがあります。

この「横の心」に対するのが「縦の心」です。縦の心は、相手を尊重する気持ち、大事にする気持ちです。ある面、厳かな、敬の姿勢でもあります。子育ても普段から

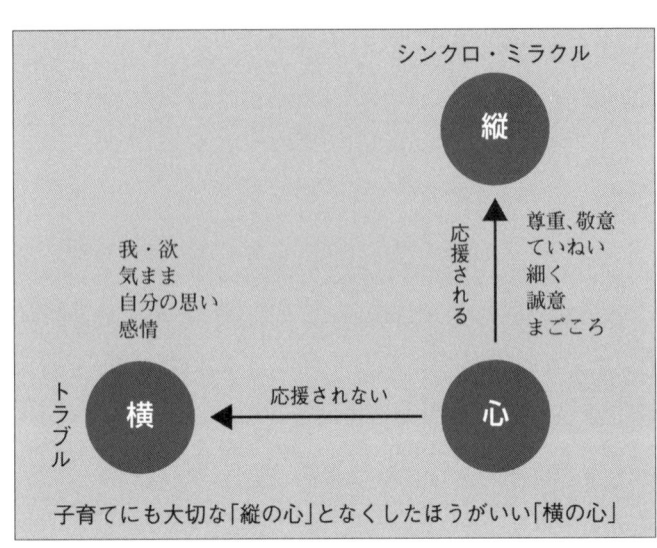

子育てにも大切な「縦の心」となくしたほうがいい「横の心」

「縦の心」を意識することが大切だと確信しています。

横の心で生きるとトラブルが続出しますが、縦の心で生きればトラブルとはまったく無縁です。そしてこの縦の心の延長に「シンクロ」と「ミラクル」があるのです。

沖縄興南高校野球部監督で、2010年、史上6校目の甲子園春夏連覇、そして沖縄県初の夏の甲子園優勝という偉業を成し遂げた我喜屋優さんは、著書『逆境を生き抜く力』(WAVE出版)で、沖縄興南高校をどのようにして春夏連覇へ導いたかを述べています。

我喜屋監督がまず取り組んだことは「あ

1　深遠なる「マヤ」の叡智で賢い子育てを

いさつをする」「早寝早起きをする」「食事は残さない」など、生活態度・生活習慣の見直しだったというのです。

「普段の生活が乱れていてはなに一つ成し遂げることができない」

「野球の技術を高めることよりも生活態度を改めることのほうがはるかに大事」

という信念のもと、徹底的に部員の生活指導に乗り出したのです。毎朝、ごみ拾いもさせたそうです。

当時の沖縄には沖縄尚学、浦添商業、沖縄水産などの強豪校がありました。沖縄興南高校がすぐに技術で彼らに勝つことはとても無理だと思った監督は、肉体ではなく、部員を精神的に強くするための教育に取り組んだのです。

その結果、沖縄興南はわずか3ヶ月で24年ぶりの甲子園出場を決めたのです。甲子園出場の際も宿泊したホテルで選手たちは、以下で示すような普段と変わらない同じようなふるまいをしたとのこと。

・**食事**は**いかなる理由があっても残さない**

- 食事中は食器の音を立てない
- 食器は洗いやすいように音をたてずに片付ける
- イスの出し入れの際には音をたてない

こういうチームが泊まったらホテル側も応援したくなることでしょう。「ずっと勝ち続けて泊まってほしい」と思うはずです。

世の中、愛され成功するには応援される人間になることです。日々、縦の心を磨き続けたことが偉業につながったのです。

この我喜屋監督の教育こそ、まさしく「縦の心」を育むものです。縦の心で生きれば人から応援されます。

しかし「横の心」の持ち主は誰も応援してくれません。「人から応援される人になる」というだけで、その人の人生における成功率はとてつもなく高まります。

子育てにおいてこの「縦の心」を育てること、「縦の心」を意識させることは、どんな教育にもまさる大事なことのように思うのですが。

3. すべては準備されている

日本人女性二人目の宇宙飛行士として話題を呼んだ山崎直子さん。そして山崎さんの前に宇宙へ行ったのは野口聡一さんでした。

この二人のKINナンバー（後述）には誰もが驚く秘密が隠されています。

野口聡一 K222
山崎直子 K223

野口さんの次に山崎さんと、しっかり連番になっています。マヤを勉強すると世の中のあらゆることが、すべて配列によって決まっていることがわかってきます。野口さんのK222、山崎さんのK223、これは偶然でもなんでもありません。

すべてがことごとく準備されているのです。誰にも役割が与えられています。そして準備された人生を歩むこと、与えられた役割を生きることが、その人の魂を最高に輝かせ、心からの充実と幸せを満喫する道といえるでしょう。

ところが準備された役割通り、配列通りに生きられないと人は喜べないのです。その最たる原因は、なにかというと「我」です。横の心、我欲が出てしまうと、配列が乱れ、その人に準備されたごとくいかないのです。

自分の人生に準備されたものを受け取るためには、「心を整える」ことがなによりも大事なことなのです。

我欲を捨て「縦の心」で生きれば魂の輝きが増し、ミラクルが起きるのです。

配列に従って導かれて生きることこそが、その人にとってもっとも無限なる喜びを感じる人生にほかなりません。例外はありません。みんなが幸せになるように「準備」されているのです。

子育てにおいても「すべては準備されている」ということを心に刻み、しっかり意識していただきたいのです。

1 深遠なる「マヤ」の叡智で賢い子育てを

結果は神の領域

必要なものはすべて準備されているのですから、私たちは本当の自分を知り、本来の人生を生きることを目指せばよいのです。

というと、「それでは結果はどうなるのですか」と心配される方がいるでしょう。結果というものはある意味「神」の領域です。そこは人知を超えるもの、人間が決められるものではありません。

たとえばお子さんの受験を心配される親御さんは多いのですが、子どもがどこの学校に行くのがよいのか、これは実際のところ、天のみぞ知るといったところです。やるべきことを必死にやり、あとは天に任せるのです。学校は縁のあるところに入学すると考えたらよいのです。

そこはもしかして第一志望でなかったとしても、そこで一生の友達に恵まれるとか、将来やりたいことを見つけるとか、いい先生との出会いがあるとか、なにがよいかわ

かりません。

もちろん、勉強などしなくてもいいということではなく、一生懸命やれるだけのことをやって、あとの結果はお任せするということです。

そうすればその子にとって一番ふさわしい結果が待っています。また、そう思うと精神的にもずいぶんとゆとりを持って生きていけるのではないでしょうか。

大学の校風は創設者のKINナンバーを反映

ちなみに学校の校風はその創設者のKINナンバーによって決定されていることが多いのです。

たとえば慶應大学の創設者は福沢諭吉ですが、彼のKINナンバーはK257で、基本的には大らかでお坊ちゃま、お嬢様タイプです。

しかし、ときどき人を驚かせるような大胆な発言をしたり、思い切った行動を起こすことがあります。まさに慶應大学の校風を反映しています。

1　深遠なる「マヤ」の叡智で賢い子育てを

一方で早稲田大学創設者の大隈重信はK112。反骨精神にあふれ、自分の意志を貫くタイプです。これも今の早稲田大学に確実に反映されています。

同志社大学を開校した新島襄はK90。紋章（後述）は白い犬です。同大の卒業生をみても母校愛にあふれ、後輩たちを非常にかわいがり、応援します。まさに「白い犬」の家族愛がそのまま表れている感覚です。

また、企業の雰囲気も創業者のナンバーに左右されます。たとえば三菱財閥の岩崎弥太郎はK256の黄色い戦士。この人は仕事を最優先し、あくなき挑戦を続けたことで知られます。

世界最大の海運会社が日本に進出してきて、熾烈（しれつ）な価格競争が繰り広げられたとき、大胆なリストラと経費節減を実施し、とうとう最後は日本から撤退させてしまいました。この合理性、容赦なく戦い続ける姿は黄色い戦士の特徴でもあります。

お子さんの進学、就職においては創設者のKINナンバー、または紋章を調べてみるといいでしょう。創設者と同じ紋章の場合、学校の校風や会社の社風となじみやすく、子どもは非常に居心地よく過ごせます。もちろん同じでなくてもかまいませんが、

— 41 —

事前に校風、社風を知っておくことは大切なことです。偏差値の高い学校に子どもを入れたい、一流企業に就職してほしいと願う親御さんは多いのですが、どんなに有名で立派な学校・会社に入っても、そこが本人の本質と合わなければ、子どもは苦悩の中で非生産的な迷いと葛藤の中で過ごすことになりかねません。

やはり本人の本質に合う学校・会社がベストといえるでしょう。

「跡継ぎ」はあらかじめ決まっている

ある県で有名な老舗のお蕎麦屋さんがあります。その家では代々長男が跡を継がず、次男や三男などが跡を継いできた家でした。このように各家々にはその家の「クセ」のようなものがあるのです。

相談を受けたのは先代の社長さんですが、彼はそれを大変気にしていたようで、自分の長男には「お前が絶対に跡を取るのだよ」と幼少時より言い聞かせて育て、有無

1　深遠なる「マヤ」の叡智で賢い子育てを

をいわせず跡を継がせました。

ところが、この長男は蕎麦作りに精を出す職人気質タイプではありませんでした。外出して、人と交流するのが大好きなのです。そのため商店街やPTAの役員などを喜んで引き受け、一生懸命やるのですが、肝心の商売は身が入らないのです。

その結果、「あそこの店は味が変わってしまった」などと常連客が引き、経営が傾いてきてしまったのです。早速、マヤで見てみたところ、長男が跡を継ぐようにはなっていませんでした。長男は一箇所にとどまらず、あちこち動き回りたい人で、地味にコツコツと技を磨くというタイプではありませんでした。

では誰が跡を取るようになっていたかというと、三男が跡を取るようになっていたのです。聞けば三男はすでに家を離れており、蕎麦とは関係のない別の仕事をしているということでした。

「このままでは伝統の味を守れませんよ。長男は跡を取る役割になっていません。三男の方が跡を取るようになっています。今からでも遅くないから三番目の息子さんを呼び戻し、店を継がせてはいかがですか」

そうアドバイスさせてもらったところ、先代社長はこれを聞き入れ、すぐに三男を呼び戻し、何年か修行させたところ、見事な蕎麦職人として育ち、立派に跡を継いだのです。そして地道に努力を重ねたところ、伝統の味に戻ったと評判を呼び、お客さんも戻ってきたのです。

三男としても、それまでやっていた仕事をやめて家業を継いだのですから、自分が店を継ぐ、親をみなければならないということが本能的にわかっていたのでしょう。長男には別会社を作ってそこの社長におさめ、外商を担当させたところ、こちらもうまくいっているとのこと。人はそれぞれに、その人にふさわしい役割や責任があることを改めて感じます。このようなこともマヤが見事にひも解いて教えてくれるのです。

「本来の役割」に気づけばおのずと道は開ける

「マヤってすごいですね！ 感動しました。ぜひうちの姉を一回見ていただけません

1　深遠なる「マヤ」の叡智で賢い子育てを

マヤを用いた「人の活かし方」をテーマとした企業研修に参加していた中間管理職の男性から相談を受けました。

九州出張の折、この方のお姉さんと会うことになりました。地元でも有名なケーキ屋に嫁いできたそうです。そこでの生活に喜びを感じられず、苦悩の日々を送っているというのです。

だんなさんがケーキばかり作っていて、経営にはまったく関心がなく、さらには三人の子どもの父親でありながら子育ても奥さんに任せきりで一切ノータッチというのです。

「こんなはずじゃなかった」
「こんなところに嫁ぐべきでなかった」

弟さんに電話で不平不満を炸裂させ、ついには精神的にも支障をきたすほどになっていました。

マヤで見たところ、答えは実にシンプルでした。

このだんなさんは典型的な職人気質の持ち主で、ケーキ作りに全エネルギーを注入しているのです。そこにこそ大きな喜びと生きがいを感じているのです。実際、抜群に腕もよく、ここのケーキはおいしいと地元でも評判だというのです。

反面、この人は経営や家庭のことなどには目もくれません。心がなかなかそこに向かないのです。

一方、相談者のお姉さんはしっかりと家庭はもちろんのこと、会社経営もできる能力を持って生まれてきています。母親としても社長としても器用にこなせる器の人でした。

これはもう本人の視点を変えない限り、問題は解決しないと思いました。自分の役割に気づかず、だんなさんをはじめとして周囲に要求をしているだけです。いろんな人から相談を受けていますが、商売に身が入らないどころか、外に女性を作ったり、借金を作ったりして、それを奥さんに払わせている男性もこの世には数えられないくらいいます。

それに比べたらこのだんなさんは一流のケーキ職人で、仕事一筋。浮気も借金もあ

1 深遠なる「マヤ」の叡智で賢い子育てを

りません。過分に要求し、不平不満を持ちながらマイナス面に焦点を合わせるより、どれほど恵まれているか振り返ることが必要です。

話を聞けば、義理のお父さん、お母さんもそれなりの年なのに店をサポートしてくれているというではありませんか。

しかもお金はすべて任されているのです。これはもう感謝こそすれ、文句をいう筋合いではありません。

「幸不幸は、環境に一切関係ありません。考え方、視点を変えない限り、今のままではどんなに環境に恵まれたとしても幸せにはなれません」

「人に要求するのではなく、逆に自分はだんなさんにお父さん、お母さんのためになにができるか、考えたことがありますか。少しでも意識を変え、ともに学び考えていきましょう」と、私は熱く語っていたのです。

すると、数ヶ月後、弟さんと再会してみると「あれから姉は激変しました！ こんな活きいきした姉を見たのは何年ぶりでしょうか。本当にありがとうございました」と感激していました。

お姉さんはその後、自分が社長業を行うと覚悟を決め、前向きに取り組みはじめたようです。そのおかげで店はますます繁盛し、だんなさんも自分の大好きなケーキ作りに専念でき、少しずつですが、すべてがよい方向に向かっているようです。本来の生き方に目覚めるということはこういうことなのです。これもマヤを知ることで容易に修正可能となるのです。

親子関係の悩みはすべてマヤでひも解ける

ある地方に行ったとき、高校生の子どもを持つお母さんから相談がありました。男の子なのですが、暴走族のグループに入ってしまい、帰宅時間がかなり遅く、また帰って来ない日もあり、相当悩んでいるようすでした。もちろん学校へはほとんど行っていないといいます。

マヤで見ると、この息子さんは夫婦の間を取り持つ「かすがい」という意味を持つ息子さんでした。お父さんやお母さんとは、直接関係性はありません。しかし、息子

1　深遠なる「マヤ」の叡智で賢い子育てを

さんが両親と関係があるのです。

ということは、息子さんを通して「わかち合う」「一つになる」家族ということになります。

ところがお母さんもお父さんも仕事に追われて、子どもに手をかけることができず、息子さんはさびしい思いをして育ったようです。不思議なもので、相談に来たその翌日に事件は起きたのです。

日ごろから息子の生活態度に腹を据えかねていたお父さんが、息子をボコボコに殴ってしまったというのです。

殴られた息子は腹を立てて、壁にパンチ。家の壁をぶち抜いてしまったのです。なぜ壁に当たったかというと、「さすがに親父は殴れない」と、とっさに思ったそうなのです。

お母さんから電話で相談を受け、このように伝えました。

「いいですか、今から私のいうとおりに息子さんに伝えてください。息子さんに『よくお父さんを殴らずに我慢したね。えらい！　本当にありがとう』といって気絶する

「ほどほめてください」

今どき、親を殴る高校生はいくらでもいます。それをこの息子さんは殴り返さずに我慢をしたというのです。親を殴ることに比べたら壁が少しぐらい壊れたくらいどうということはないではありませんか。

お母さんは驚いていましたが、すぐに息子さんに対してそれを実行したそうです。

そして「今まであなたのことをわかってあげられなくてごめんね。もっとあなたのことを理解できるようにお母さんも努力するから」と、涙ながらに息子さんに謝ったといいます。

すると驚くことに、翌日から息子さんはパタッと夜遊びに行かなくなったというのです。

人間、「理解される」ことほどうれしいことはありません。ましてや彼は今まで親に対して「俺のことをまったくわかってくれない」と疑心暗鬼のかたまりだったはずです。

親が自分のことを理解してくれた、理解しようと努力してくれているとわかっただ

1　深遠なる「マヤ」の叡智で賢い子育てを

けで、どれほどうれしかったことでしょう。

ほめられるというのは「あなたを認めているのよ」という強いサインです。親に理解されていると感じたら、子どもは絶対におかしな方向へはいきません。

お母さんから、最近また連絡がありました。あれから２ヶ月以上たちますが、一度も暴走族の集まりには行っていないそうです。それどころか見違えるほどいい子になり、学校にもしっかりと通っているといいます。

会社でもこういうことがあります。人はどんなに給料が高くても自分を認めてくれない上司の元では働きたくない。

しかし、ある程度の給料でも、自分のことを認めてくれれば命さえかけられるというのです。

まして子育てにおいてはなおさらのことです。子どものことを少しでもわかってあげる、認めてあげることこそが子育ての基本といえるでしょう。

子どものマイナス面だけでなく、プラス面をよくよく知ることが大切です。そのためにもマヤを学ぶ機会を作ってほしいのです。

コラム1

「マヤ」を知って子育てが変わった

長嶺幸子さん

小学校5年生になる息子がおります。KIN148の黄色い星です。普段は穏やかで、よくいうようにキレたりすることもないのですが、テレビゲームが絡むとなぜか激しい部分が顔を出します。

この間も夜間、息子の所属するサッカーの部会があり、夫婦で外出したのですが、外出中に息子から慌てた様子で携帯に電話がかかってきました。

聞けば「DSが壊れた」というのです。「壊われたの？ それとも壊したの？」と聞きますと、「壊した」とポツリ。

ゲームが、自分の思うように進まなかったので、腹を立てて壊してしまったという

1 深遠なる「マヤ」の叡智で賢い子育てを

のです。

マヤによれば、息子のKINナンバーは「怒るとすべてを失ってもいい」と思ってしまうところがあるそうです。

怒ると冷静さを欠きますから、誰にも多かれ少なかれこのようなところはあると思います。しかし、息子の場合は特に気をつけて自己コントロールをしなければいけないのです。

このようなことはマヤを勉強して知っておりましたので、今が息子にとってもいい学びの機会だと思いました。

帰ってから息子にしっかりそのことを諭し、怒りをコントロールしていけるように一緒にがんばろうねと伝えました。

以前の私なら、ただただ怒るばかりで、息子を傷つけるだけだったと思います。マヤに出合った今では、息子の本質を知ったうえで、よりよい人生を歩めるようサポートするためにも、やみくもに怒らず、自己コントロールを学ぶ手助けをしていこうと思っています。

2

自分の心、本質がわかれば
理想的な子育てができる

あなたの本質がわかる「マヤの20の紋章」

この章では20の紋章ごとに、まず本当の自分を知ることから始まります。

その前にまずは簡単ではありますが、マヤ（ここでは主にツォルキン暦）とは何かということについて説明します。

マヤ（ツォルキン暦）には「13」と「20」というサイクルがあります。このうち「13」については先にも触れました。では「20」というのはどういう数字かというと、マヤでは「宇宙には20の異なった叡智を持つ神がおり、それぞれが交代で支配している」と考えるところから来ています。

宇宙には20の叡智が日ごと順番に巡っていて、それはその日生まれた人の誕生日にも影響を及ぼし、その人の性質や人生で起こる事柄まで決定付けているというのです。

この20種類の叡智をマヤでは「太陽の紋章」と呼びます（本書では「紋章」と略します）。

2　自分の心、本質がわかれば理想的な子育てができる

この20種類の紋章にはそれぞれに「赤い龍」「白い風」などユニークな名前が付けられています。たとえば「赤い龍」の日に生まれた人は赤い龍が紋章となるわけです。各色のグループは大まかには同じ傾向を持っています。

さらに20の紋章は赤、白、青、黄の色ごとに四つのグループに分けられます。

紋章はその人の本質、魂の方向性、果たすべき役割を教えてくれます。紋章はいわばあなたの人生の道しるべ。人生において自分の紋章を知っているかいないかでは大変な違いがあります。

太陽の紋章について詳しくは『古代マヤ暦「20の刻印」』(前著)をお読みください。

まず自分の紋章を割り出そう

では実際にあなた、およびお子さんの紋章を出してみましょう。まず巻末の「西暦とマヤ暦の対照表」をご覧ください。

これは西暦における誕生日とマヤ暦におけるKINナンバーを照らし合わせて見る

ものです。この表からあなたのマヤのKINナンバー。たとえば、1985年7月16日生まれの人の場合は、KIN74。

KINナンバーが出たら、60、61頁の表をご覧ください。この表の中でご自分のKINナンバーを探してください。

探せたら、それを左端までたどっていってください。そこに書いてある紋章があなたの紋章です。たとえばKIN74の人は白い魔法使い、KIN140の人は黄色い太陽です。

ちなみにKINナンバーの上に書いてあるのは「音」の数です。マヤでは20の紋章のほかに13種類の音があります。音はその人が共鳴するもの、原動力となるものを示します。詳しくは『古代マヤ暦「13の音」占い』(前著) を参照してください。音については本書では説明していませんが、4章で親子の関係性を出すときに必要となります。

本来は紋章のもう一つの領域とでも言うべきウェイブ・スペル、音のかけ合わせで見ることにより、さらにその人の本質がわかるウェイブ・スペルが20種類あり、紋章、

2 自分の心、本質がわかれば理想的な子育てができる

のですが、詳しく知りたいという方は各地で開催されているセミナーや講演会などにおいでください。

太陽の紋章がわかったところで、いよいよ紋章ごとに、あなたのテーマ・キーワード、心の奥に秘めたものを見ていきましょう。

また、親として子育てにおいて注意するべき点はなにかということにも触れていきます。まず「自分を知る」ことからのスタートです。

赤い龍 ── テーマ 生命大切に 慈愛

母性愛が非常に強い紋章です。非常に面倒見がよく、愛情深い親でしょう。その反面、子どもに対して過干渉になりがちです。子どものなにからなにまで知っていないと気がすまないという完全掌握型でもあります。

しかし、前章に書いたように「ベストを尽くして結果はゆだねる」ということが大事です。プロセスを大事に、結果はお任せ。結果ばかりを気にして生きていると苦悩

ひと目でわかるあなたの紋章

•••• 121	• 141	─ 161	•• 181	• 201	••• 221	•• 241
─ 122	•• 142	• 162	≡ 182	•• 202	• 222	••• 242
• 123	≡ 143	•• 163	• 183	••• 203	•• 223	•••• 243
•• 124	• 144	••• 164	•• 184	•••• 204	••• 224	═ 244
••• 125	•• 145	•••• 165	••• 185	═ 205	•••• 225	─ 245
•••• 126	••• 146	─ 166	•••• 186	• 206	─ 226	•• 246
═ 127	•••• 147	• 167	─ 187	•• 207	• 227	••• 247
• 128	─ 148	•• 168	• 188	••• 208	•• 228	• 248
•• 129	• 149	••• 169	•• 189	• 209	••• 229	•• 249
••• 130	•• 150	• 170	••• 190	•• 210	•••• 230	••• 250
• 131	••• 151	•• 171	•••• 191	••• 211	═ 231	•••• 251
•• 132	•••• 152	••• 172	═ 192	•••• 212	• 232	─ 252
••• 133	═ 153	•••• 173	• 193	─ 213	•• 233	• 253
•••• 134	• 154	─ 174	•• 194	••• 214	••• 234	•• 254
─ 135	•• 155	• 175	••• 195	─ 215	• 235	••• 255
• 136	••• 156	•• 176	• 196	••• 216	•• 236	•••• 256
•• 137	• 157	••• 177	•• 197	•••• 217	••• 237	═ 257
••• 138	•• 158	•••• 178	••• 198	═ 218	•••• 238	• 258
•••• 139	••• 159	═ 179	•••• 199	• 219	─ 239	•• 259
═ 140	•••• 160	• 180	─ 200	•• 220	• 240	••• 260

2 自分の心、本質がわかれば理想的な子育てができる

赤い龍	1	21	41	61	81	101
白い風	2	22	42	62	82	102
青い夜	3	23	43	63	83	103
黄色い種	4	24	44	64	84	104
赤い蛇	5	25	45	65	85	105
白い世界の橋渡し	6	26	46	66	86	106
青い手	7	27	47	67	87	107
黄色い星	8	28	48	68	88	108
赤い月	9	29	49	69	89	109
白い犬	10	30	50	70	90	110
青い猿	11	31	51	71	91	111
黄色い人	12	32	52	72	92	112
赤い空歩く人	13	33	53	73	93	113
白い魔法使い	14	34	54	74	94	114
青い鷲	15	35	55	75	95	115
黄色い戦士	16	36	56	76	96	116
赤い地球	17	37	57	77	97	117
白い鏡	18	38	58	78	98	118
青い嵐	19	39	59	79	99	119
黄色い太陽	20	40	60	80	100	120

を抱えるようになります。

また赤い龍はプライドが高いところがあります。時に体面を保とうとして事実と異なる発言をしてしまうこともあります。そこは注意が必要です。深い慈愛は、プライドも容易に超越します。

どちらかというと淡白ではなく濃い関係を好むため、時には多少の距離感を持つことも大切です。あまり密度が濃すぎると子どもは息苦しく感じるものです。信じて、子ども自身に判断させることを特に意識しましょう。

白い風

テーマ　メッセンジャー　共感

白い風はとても繊細な感性の持ち主です。紋章の役割としては「メッセンジャー」という役目を持っています。「人に伝えたい」「語り合いたい」人でもあります。

という気持ちが強く、相手に共感してもらいたいのです。

しかし、時としてそれが押し付けがましくなる場合があります。相手が自分のいう

2　自分の心、本質がわかれば理想的な子育てができる

ことを聞いていないと、強制的にでも聞かせようとしてしまうのです。それは子育てにおいても出がちです。子どもに対しては特に押し付けがましくならないように、注意する必要があります。

課題は自分と違う考えを理解すること。いかに自分と違う考えに理解を示せるかどうかが大事です。

子育てにおいては特に子どもの話を聞き、共感してあげることがテーマとなります。子どもはわかってもらえると思わない限り、本音で話そうとしません。

本音でコミュニケーションをとり、語り合える親子になれるというのが白い風にとって一番よいパターンです。

青い夜
テーマ　夢、豊かさ

経済観念の強い紋章です。お金の扱い方を教えることが非常に得意ですから、ぜひとも子どもにお金の教育をしてあげてください。

「お金の教育」というとなんだか聞こえがよくないかもしれませんが、日本人に大きく欠けている教育分野だといえるでしょう。

人が生きていくうえで大きなトラブルになるのは人間関係、金銭関係の二つです。

ですから小さいころからお金の教育をしておくことはとても大事なことです。

「つぶれない会社の社長は小売りを経験している」といいます。10円、20円を大事にできる人が安定した経営ができるというのです。

そのためには小さいころからアルバイトをさせることも一つの手段です。もちろん家庭内アルバイトでもいいでしょう。

また少し子育てとは離れますが、この紋章の方は「経済的豊かさ」以上に「心の豊かさ」について考えてほしいのです。「財というものは最終的には心の豊かさと連動する」といいます。

一時的に金持ちになっても心が豊かでないといい人生になりません。青い夜には心の豊かさが特に問われているといえるのです。

また青い夜が気をつけたい点としては、「客観的になれない」ということです。20

2　自分の心、本質がわかれば理想的な子育てができる

の紋章の中でもっとも主観が強い傾向にあります。客観的視点に立てるかどうかが課題なのです。

そのためには誰か「相談相手」を作っておくといいでしょう。子育てに迷ったとき、悩んだとき、相談できる相手が必要です。

黄色い種
テーマ　気づき、目覚め

気づくこと、目覚めることが最大のテーマです。覚醒（かくせい）しないと種のままで一生が終わってしまうのです。

「黄色い種」というぐらいですから、種の中に完成体としてのすべての情報が入っているのです。それに気づいたとき、本質が目覚め、個性が開花し、本当によい人生を送ることができます。

子育てにおいても「気づく」ということを常に念頭に置いてください。「うちの子はこんないいところがある」「こういうことが得意」と、小さくてもいいから日々の

気づきを大事にしてほしいのです。

気をつけなければならないことは、子どもを理詰めにしないこと。黄色い種はときとして理屈っぽいところがあります。納得できないと落ち着かないのです。

そのため子どもに対して納得できないことがあると根掘り葉掘り問い詰めてしまうことがあります。「ここがこうだからこういう結果になったのでしょう！」などと問い詰めるのではなく、「お母さんは、こういうことをされるのは好きではないな」というように自分の気持ちを率直に伝えるといいでしょう。

赤い蛇

テーマ　自己コントロール

赤い蛇は感性・感覚派です。好き嫌いがハッキリしていて、理屈よりも感情が先に立ちます。

スキンシップが大好きで、いつも子どもと密着していたいタイプです。長じては子離れができないこともあるので注意しましょう。

2　自分の心、本質がわかれば理想的な子育てができる

子育てにおいては心の状態をコントロールすることが大事です。心が安定せずイライラすると「怒り」の火がついてしまいます。

そこで大事なのが自己コントロールということ。感覚でものをいわず、いったん考えてから伝えるようにするといいでしょう。

自己コントロールのためには日ごろからよく休む、リラックスをするということが大事です。赤い蛇は神経が過敏で、人の評価、視線を気にするところがあります。心を常にゆるめること、休ませることを忘れないでください。

子どもに対しても、あまり世間体を気にさせないように、おおらかな子育てを心がけてください。

白い世界の橋渡し

テーマ　橋渡し　手放す

もてなしの心を持ち、相手の立場に立つこと、相手を思いやることで輝く紋章です。

子育てにおいては「子ども目線」を大事にしてください。自分の目よりも、子ども

の目線で考えるとどうかということを常に念頭に置きましょう。なるべく子どもに自分の気持ちを話させるようにして、子どものいうことに耳を傾けるという姿勢が大事です。

白い世界の橋渡しは教育やしつけに厳しい人が多いのです。しかし、子どもを自分の思うようにコントロールしようとするとうまくいきません。

この紋章には「死と再生」という意味がありますが、死とは「手放す」ということ。自分の思いこみを手放すことで気持ちが楽になり、いい子育てができるのです。

また、この紋章の人は社会的交流が上手で、顔が広いのです。逆にいえばそれだけ学ぶ機会が多いということ。幅広い人と交流することで、大いに知恵を得ることができるのです。子育ても自分の学びの一環として考えるとうまくいきます。

青い手

テーマ　**体験　癒し**

なんといっても体験型の紋章。実際に自分が体験してみてはじめてわかるというタ

2　自分の心、本質がわかれば理想的な子育てができる

イプです。

子育てに関しては子どもと一緒に物事を体験しながらいろんな感性を育てるという方向性が理想的です。ただし、子どもの紋章によって対応に違いがあるため、3章、4章も参照して総合的に判断してください。

青い手は「達成する、遂行する」ことでモチベーションがあがります。一つを仕上げると次の道が見えるのです。ですから子育ての場合、学期末や子どもの進学など節目の行事があるのでそれを区切りと考え、「ここからここまではこれをやり遂げた」と自分をねぎらいながら進めていくとよいでしょう。

気をつけたいことは、子どもに対してしゃべりすぎるきらいがあること。自分の思いばかりを一方的に語るのではなく、子どもの話を聞いてあげましょう。そこで子どもは大いに癒されるのです。

手先が器用で、家事も育児もきっちりこなせるタイプですが、抱えこみすぎる傾向にあります。自分でなにもかもやろうとすると、注意散漫になってしまいます。

ですから、配偶者でもなにもおじいちゃんおばあちゃんでもいいのですが、子どもを一緒

に育てるパートナー、理解者が近くにいたほうがよいでしょう。

黄色い星

テーマ　美意識　芸術

非常に芸術性が豊かで美意識の高い人です。平山郁夫画伯もこの紋章ですが、彼は著書に「すべての判断の基準が美しいかどうか」だと記述しています。まさに黄色い星の価値観をズバリいい当てた文言だといえるでしょう。

妥協ができない性格で、仕事などにそれが発揮されるのはいいのですが、子育てに関してはマイナスになることがあります。

子どもに対して手厳しく、「なんでこんなこともできないの⁉」と子どもを責めたり、子どもに対する要求が不当に高いというところがあるのです。気をつけたいのは、それがときとして致命的な打撃を与えてしまいかねないということです。

マヤでは「答えはすべて自分の中にある」といいます。自分の内部をよく見つめ、妥協との付き合い方を考えてみてください。自分にできることでも、人にはできない

2　自分の心、本質がわかれば理想的な子育てができる

こともあるのです。

また、どんなに正しいことであっても、相手を責めて正そうとしたら、誰も聞き入れようとしません。

面白いことにマヤはこの黄色い星や白い鏡に対しては「発想の転換」を迫っているのです。自分の思いこみを手放し、また違う観点から考えてみるクセをつけてみるといいでしょう。そのきっかけを与えてくれるのが「芸術」です。

そして常に「調和」ということを考えると子育てがうまくいきます。寛容な心で子どもを見つめ、時には妥協もしながらやっていくぐらいでちょうどいいのです。

赤い月　テーマ　新しい流れ　ミッション

赤い月は新しい流れを作る人。そのためには使命感、ミッションがテーマとなります。社会の役割に生きる紋章で、社会的に立派な活動をされている人も多いのです。子育てにおいては明確なビジョン、意図を持って行うといいでしょう。

不思議なことにマヤは赤い月に対しては「過去の記憶を呼び覚ますこと」を呼びかけています。記憶の活性化が偉大な教師であるというのです。子どものころ自分が育った境遇、親にしてもらってうれしかったこと、親にされてイヤだったことを思い起こしてみてください。

よかったことも悪かったこともすべて含め、その記憶の中に自分の進むべき道と子育ての指針が隠されているはずです。プラスの部分を生かし、マイナスに感じたことは子どもにはしないことです。

また、記憶を呼び戻すためのツールとして「クリエイティブな活動」を行うといいとされます。絵画、音楽、あるいは色彩的なことなど、クリエイティブな活動を行うことで過去の記憶がよみがえるというのです。

気をつけたいのは、赤い月は自分を卑下しやすい点です。子どもに対して過小評価したり、すぐにあきらめたりするところがあります。

しっかりほめるところはほめ、認めるべきところは認めるということを心がけてください。それについても記憶の中にヒントが隠されているはずです。

2 自分の心、本質がわかれば理想的な子育てができる

白い犬

テーマ　家族愛　忠義

白い犬ほど家族思いで家族を大事にする紋章はありません。特に家族で一緒に食卓を囲むことは白い犬にとってとても重要なこと。一緒にご飯を食べることでエネルギーが高まるのです。

子育ては子どもに対する愛情が深いあまりに、しつけが厳しくなりすぎるところがあります。よかれと思っていっていることが、子どもにとっては反発を招くだけという結果になりかねません。

また白い犬は親や上司という立場になると、相手に従順さを求める傾向が強いのです。そういった部分を常に意識して、相手に過度な要求をしないことが大事です。特に感情的になって言葉で問題を起こすことがありますから注意してください。

白い犬のテーマは「家族愛」ですが、「自分の家族だけが大事」というエゴに走ると紋章のマイナス面が出ます。家族愛の領域を少しでも広げ、縁のあった人はみんな

家族だと思うことができれば、魂が輝き、いい人生になるでしょう。子どもに対しても、近所の子どもも自分の子どもも一緒に育てるという姿勢で臨んでください。みんなわが子のように思って育てることでいい子育てができるのです。

青い猿 ── テーマ　ユーモアと笑い　喜ばせる

青い猿にとっては「ユーモア」、「笑い」は最高の癒しとなり、とても大事なことです。笑いによって傷ついた潜在意識が癒され、紋章の輝きを増すのです。

とても遊び心がありますから、子どもを楽しませることが上手です。楽しみながら学ぶ、ゲーム感覚で勉強をさせるなど、創意工夫しながら教育することができます。ドイツでは学校に入学する前に1年間かけて「いかに学ぶことは楽しいか」という教育を徹底的に行うそうです。

「楽しく学ぶ」ということはとても大事なことです。日本も大いに参考にしたいものです。ぜひ子育てにおいてその「ひらめき」「イメージ力」を十分に発揮し、「学びの楽しさ」ということを子どもに教えてあげてくだ

2　自分の心、本質がわかれば理想的な子育てができる

さい。

青い猿は天才型でひらめきますので、その分、一貫性がない場合があります。発言がころころ変わったように思われかねないので気をつけてください。

また、物事に対して正面から向き合わないで避けてしまうこともあります。子育てにおいていろいろな問題に直面することもあるでしょうが、腰をすえて向かい合うことが大事です。

黄色い人 ― テーマ　楽しみ　充足感

黄色い人は自分の信念を通す人です。道筋、道理を通すという紋章の意味があります。子どもに物事を説明したり、子どもを正すときも、感情的にならず筋道を通して教えることができます。子どもに対しては自分の意見を押し付けず、サポート体制、協力体制をとるという姿勢がベストです。子育てにも充足感を求めているはずです。

黄色い人が親になったときに注意したいのは、子どもを比べやすいところがあるこ

とです。というのもこの紋章の人は「頭のいい子」「機敏な子」が好きな傾向にあります。

そうでない子に対しては上から目線で見てしまうこともあります。前章で述べたとおり、分離意識を持たせてしまうのは教育においてもっとも避けなければならないことです。兄弟を比べたり、えこひいきをしないことを特に意識してほしいと思います。子どもは比べられると、「尊重」「敬う」精神が育ちにくくなります。

赤い空歩く人

テーマ **教育熱心　感受性**

自分の思考・認識していることに対して非常に保守的です。未知の世界、知らない世界を恐れる部分があります。不安と居心地の悪さがとてもイヤなのです。

子育てにおいても感受性が強いためその傾向が現れてしまうことがあります。つまり子どもが新しいことや危なっかしいことをしようとするとブレーキをかけ、保守的な育て方、無難な育て方をしてしまうきらいがあるのです。

2 自分の心、本質がわかれば理想的な子育てができる

時には勇気を出して子どもに未知の世界を冒険させることも大事です。そこに子どもの才能が隠されている場合もあるのですから。ぜひ子どもの挑戦に理解を示し、応援するという気持ちを持ってください。

赤い空歩く人には持って生まれた「孤独感」があります。それは家族と暮らしていても根底に存在します。これを解決するのは「奉仕の精神」です。人に要求するのではなく、「与える」という気持ちを持つことで人生が開けます。逆にこの紋章は奉仕の精神を忘れると、不安と孤独と居心地の悪さがセットでやってくるのです。

もちろん子育てにおいても「奉仕の精神」を持って行うととてもよい子育てができます。子育てを奉仕と考えるのもいいし、子どもと共にボランティアをすることもよいでしょう。

白い魔法使い

テーマ **許容範囲を広げる**

生真面目でいつもベストを尽くす人です。親としては子育て、教育、PTAなどな

にに対しても一生懸命に取り組みます。

一方、自分が努力家だけに他人に対して厳しいところがあります。「なぜベストを尽くさないのか」と責めてしまいやすいのです。

また「自分はこんなにがんばっているのになぜ認めてくれないのか」という思いがどこかにあります。子どもに対しても「親としてがんばっている自分」を認めてほしいのです。

それを解決するのは「許容量を広げる」ことです。相手を認めて、相手を許すことで人生が開けていきます。

「人の悪いところを許す」ということではなく、悪いところや短所はあるにしても、「こういうよいところがある」と長所を認めるということです。

子どもに対しても同じで、子どもや家族から承認されたかったら自分がまず先に子どもを認めることです。

また、白い魔法使いは真面目ですが、サプライズ好きという一面があります。モーニング娘。をプロデュースしたつんくさん、おニャン子クラブ、AKB48をプ

2　自分の心、本質がわかれば理想的な子育てができる

ロデュースした秋元康さんも白い魔法使い。世間をサプライズさせて成功した例です。子育てにおいても真面目さとサプライズを存分に生かすことが効果的です。

青い鷲　テーマ　先見性　心

「鷲」だけに俯瞰（ふかん）で物事を見極め、先を読み取る力に優れています。また、青い鷲は人生、子育てにおいても「心の状態」が非常に重要です。心がいい状態で安定していればいい仕事もできるし、子育てもうまくいくのです。

というのも、青い鷲はかなり意識しないと人のマイナス面に目が向きやすく、そこに共鳴してしまうところがあるのです。先が見通せるだけにマイナスなことも見えてしまうのです。

マイナスなものに対しては「見ざる言わざる聞かざる」の姿勢を持つことが大切です。子育てにおいても同じで、子どものマイナス面、短所をクローズアップしないで、

長所に目を向けるように努めてください。

短所にだけ特化してしまうと、子どもの芽を摘んでしまう結果となりかねません。

そのためにも、心をよい状態に保つことが大事です。モチベーションを高めることで、きめ細かい教育が可能となります。

また、青い鷺は非常に勘が鋭いのです。ところが勘だけに頼ると脇が甘くなります。はずれたときのダメージが大きいのです。

子育てに対しても勘や思いこみに頼りすぎないように留意してください。

子どもとコミュニケーションをよくとること、しっかり確認することがよい子育てにつながります。

黄色い戦士

テーマ 挑戦　チャレンジ

「戦士」というぐらいですから、挑戦することで紋章が輝き、よりよい人生が送れます。困難に果敢に立ち向かい、突破していく強さがある人です。

2　自分の心、本質がわかれば理想的な子育てができる

子育てにおいても、いろんなことに一緒にチャレンジする、困難や問題があったら一緒に乗り越えるという姿勢を持つことが大切です。子どもと「戦友」「同志」という関係を築くことがよいでしょう。

また、自らも子育てに役立つ勉強をしてみたり、資格取得に挑戦することで人生が開けてきます。

黄色い戦士は「なぜだろう」「どうしてだろう」という具合に、常に自問自答をするクセがあります。

そこで重要なことは「疑い」の方向に目を向けるのではなく、相手を「信じる」ということ。子育てに対しても同じで、心から信じてあげること、認めることで人は育つのです。

注意したいのはもののいい方です。

この紋章には実直な人が多いのですが、実直すぎるのも玉にキズで、時にストレートに表現しすぎてしまい、それが子どもの心を傷つけることになります。その点に気をつけてください。

赤い地球

テーマ 心のつながり 絆(きずな)

赤い地球は「語り合いたい」人、そして「絆」を大事にする人です。子どもと語り合うことで心がつながり、いい親子関係を結ぶことが可能です。

子どもの学校の行事などにも積極的に参加するのも、絆を深めるという意味ではとてもよいことです。

また、この紋章にとっては「より高い共鳴」がとても大事です。成功例などから学ぶということも効果的です。

子育てにおいても、人の子育ての成功例・成功体験を参考にするとよいでしょう。著名人が子育てについて書いた本などもお勧めです。

赤い地球は非常に音楽、リズムと共鳴します。ですからリズムを崩されることが大嫌いです。

たとえば、突然お客さんが訪問してきたりするのも苦手です。

2 自分の心、本質がわかれば理想的な子育てができる

もちろん自分のリズムを大事にするのはいいのですが、それを子どもに押し付けてしまうのはいいことではありません。子どもには子どものリズムがあることを認めてあげてください。

白い鏡

テーマ　内面を見つめる

自分の守るべき存在や約束を徹底して守る人。家族など、絶対に守るべきものは自分の身を挺してでも守るところがあります。親としては頼もしいお父さんであり、頼れるお母さんです。

その反面、約束や時間を守れない人が許せないタイプでもあり、子どもにも厳しく守らせようとする傾向にあります。

また、非常に礼儀正しく、きちんとした印象の人なのですが、子どもにも礼儀正しさを要求します。あまり堅苦しくなってしまい、子どもが苦しい思いをする場合もあります。

白い鏡は「家庭はこうあるべき」「子どもはこうあるべき」という定義づけ、枠にはめて考えがちです。

また、子どもを型にはめてしまうところがあります。

そこで白い鏡に求められるものは「枠を広げる」ということです。自分の思いこみを今一度見直し、また、違う視点からものを見るということです。

世の中には時間や約束を守れない人もいるものですが、人にはいろいろな事情があるのだと、少しでも自分の思考の枠を広げて考えてください。また、「自分が正しい」という思いは、トラブルの元です。

白い鏡は「鏡」というぐらいですから、常に自分の姿を映してみる、自分の内面を見つめる、つまり客観性を持つことを心がけることです。

青い嵐

テーマ　チェンジ　変革

集中力とパワーにあふれる人です。一つのことにのめりこむと寝る間も惜しんでま

2　自分の心、本質がわかれば理想的な子育てができる

い進します。

人に対する影響力、巻きこむ力が強く、思いこんだら嵐のようなエネルギーを発揮します。

反面、人に任せることが苦手です。たとえば青い嵐が企業のトップに立った場合、後継者を育てるのが上手ではありません。「自分でやったほうが早い」と自分でどんどんこなしてしまうのです。

子育てに対してもその部分が出てしまうと、いい結果を生みません。子どもには自分でやらせてみる、任せてみることが非常に大事なことです。最初はイライラするでしょうが、我慢して見守ってください。家庭内ではお手伝いなど、役割を分担させるということが大事でしょう。

またもう一つ気をつけたい点は、この紋章は子どもに対して放任主義、勝手にさせる親もいます。

嵐ですから、「制約」を嫌うのです。しかし自由と放任は違います。見るべき点はしっかり見るようにしてください。

青い嵐の根本的な願望として「自分をわかってほしい」という思いが非常に強くあります。

理解されないと思うと空回りをしてしまうところがあるのです。ですから子育てにおいても、「理解者」が必要です。理解されながら子育てをするのが理想的です。

また、そのためにも自分自身を日々改善することと、何事もチェンジしていく姿勢が大事です。

黄色い太陽

テーマ　無条件の愛　与える

非常に責任感が強い紋章です。一貫性があり、自分の考えややりたいことを押し通そうという強さがあります。

太陽ですから、常に公明正大で人を差別しません。また自分が「主人公」という意識が強いのが特徴で、脇役には向いていません。

2　自分の心、本質がわかれば理想的な子育てができる

仕事や社会的にはそれが功を奏することももちろんあるのですが、こと子育てにおいては「子ども」が主人公ですから、そこを留意したほうがいいでしょう。

1章で述べたように子どもを「預かりもの」ととらえ、自己所有の意識を持たないことです。

また、この紋章は意外にも変化に対して融通が利かないところがあります。子どもは成長過程に応じて大きく変化するときがあるものです。子どもが変わろうとしているときにそれを認めること、理解を示すことが大事でしょう。

どこまでもサポート役に徹することができるかが、課題でもあります。

一貫性があり、責任を持つ姿勢を自らみせること自体、理想的な教育といえるでしょう。

親の愛は、条件つきでなくどこまでも無条件で与える愛です。太陽のようなこの境地が目指すところです。

コラム2

反対KINの姉妹の育て方

青山正枝さん

女の子二人がいるのですが、この姉妹が反対KINの中でも絶対反対KIN（注・本書では説明していない。すべてが反対であり、お互いにないものを持ち合わせている関係）。

越川先生に見ていただいたとき、「よくこんな極端な二人を産みましたね。これはお母さんの役目がとても大事になってきますよ」といわれましたが、そのときはピンと来ませんでした。

というのも、私の目には仲のいい姉妹と映っていたからです。

ところが、ある日姉妹がささいなことからケンカをして、口もきかなくなってしまったのです。しかも何日たってもお互いに譲ることなく、家族が仲裁してもちっとも

2　自分の心、本質がわかれば理想的な子育てができる

収まりがつかないのです。

その様子を見て「やっぱりこの子たちは絶対反対KINだったんだ」と納得しました。反対KINというのは同じ方向を見ることができないわけですから、お互いわかり合うというのは無理な話です。

そこでマヤを踏まえたうえで、姉妹それぞれに「あの子はこう感じ、こういう方向を見ているのよ」と教えて、それぞれの思いを尊重することの大切さを伝えました。

その結果、二人は仲直りすることができたのです。もしマヤを知らなければ関係はこじれたままになっていたかもしれません。

仲直りまでかかった日数はなんと21日。今でも家族の中では「21日間戦争」と話題になります。

しかし、私たち家族にとってはとても貴重な経験となりました。マヤを知ったことで私の視点が変わったことが姉妹や家族の幸せにつながりました。

本当にマヤと出合えてよかったです。

3

あなたの子どもを輝かせ
周波数を高める育て方

「マヤ」で子どもの本来の役割、使命がわかる

この章では子どもの紋章ごとに、どのような育て方をするのが、理想的な子育てかということを考えていきましょう。

プロローグですべての人は生まれ持った役割や使命があり、それにしたがって生きること、つまり本来の自分の姿を的確に知って生きることが、人間としての大きな喜びであり、もっとも充実した幸せな人生になると述べました。

あなたのお子さんの真の姿、生まれ持った役割、使命とはどのようなものなのでしょう。

そんなあなたの子どもにとって、大切な人生の根本的なことがわかれば、どのように育てるべきか、どのように子どもと接したらよいかということが、おのずとわかってきます。

子どもは自分のことを理解し、認めてほしいのです。

3　あなたの子どもを輝かせ周波数を高める育て方

親が自分のことをわかってくれているという強い思いがあれば、子どもは前向きに人生を楽しく、明るくへこたれずに生きていくことができます。

たとえつらいことや苦しいことがあっても、それらを乗り越えていく気力・胆力・生命力が持てるのです。

また、あなたが子どもの「紋章の役割」や「紋章の持つ意味」を十分理解して育てることで、子どもの周波数が上がり、すばらしいシンクロニシティ（共鳴）が起こることでしょう。

この章では、まず紋章のグループ（赤・白・青・黄）ごとにそのグループの子どもの「特色」や「魂の輝く子育てポイント」「健康的に育てるには」といった全体像を示し、次に各紋章ごとに子どもの方向性を見ていきます。

さて、あなたのお子さんの魂に刻まれた刻印とは……。

赤いグループ

・このグループの特色

誕生のエネルギーを持っています。非常に勢いが強く、生命力にあふれた紋章です。子どものころから成功しやすいのですが、早めに外に出る人が多く、身内というよりも社会に応援されるタイプです。家を出て名を遂げ、故郷に錦を飾りたい、親に恩返しをしたいという気持ちを強く持っています。

・魂の輝く子育てポイント

感受性が強い子どもです。また過去のことをいつまでも引きずりやすいところがあります。ですから親としてはあまりデリカシーのないことをいわないように気をつけてください。

3 あなたの子どもを輝かせ周波数を高める育て方

神経が過敏な分、家ではリラックスさせてあげるように努めてください。特に赤い蛇は外で神経をかなり使っていますから、心身ともによく休ませてあげてください。ゆっくりできる環境を作ってあげることが親の大事な務めです。

赤系の子どもは結果を出すことで波に乗るタイプ。「できた!」「やりきった!」という達成感を持つことで自分に自信がつきます。成功体験で育つのです。

また、年長者にかわいがられる子どもなので、特におじいさんおばあさんと触れ合う機会を持つと周波数が上がります。

・健康的に育てるには

赤いグループの元素は「土」を意味しています。土には浄化のエネルギーがあります。土をいじって土と遊ぶことで、活力が生まれ、元気が出てきます。赤系にとって土は健康の源です。

たとえば、赤の子どもが精神的に安定しないときは土いじりをさせるといいのです。草むしりでもいいし、土のグラウンドで思い切り遊ぶことでもいいでしょう。

不登校の子どもに土をいじらせたらふたたび学校に行くようになったというケースもあります。

★「赤い龍」の子ども
元気いっぱい、頼れるリーダータイプ
子育ての基本方針　普段から関心を持って見守り、愛の循環・大切さを教える──

小さいころからエネルギッシュに走り回っている子どもです。猫に鈴をつけるといいますが、鈴のつけようのないタイプ。「子どもは静かにしていてほしい」という親御さんにはちょっと大変かもしれません。

小さいころからリーダーシップを発揮し、しっかりしています。プライドも高いので、あまり子ども扱いをしないほうがいいでしょう。子どもであっても、一人の人格として認めてあげることが大事です。子どもながらに「体面を保ちたい」という意識が強いので、それを尊重して守ってあげてください。

3　あなたの子どもを輝かせ周波数を高める育て方

がんばり屋でもあり、勉強や習い事、スポーツでも、やると決めたことはとことん、下手をすれば飲まず食わずでやり遂げます。そして弱音を吐きません。

たとえばケガをしても親には言わないタイプ。またがんばりすぎて倒れるまでやりぬくこともあります。ですから親は常日ごろから子どもの様子を注意深く見守ることが大事。疲れていないか、限界が来ていないか、関心を持ってみてあげてください。

また、赤い龍は創業者タイプが数多くいます。物事を立ち上げる、スタートさせる勢いを持った人です。しかし、あまり先のことを考えるタイプではありません。先のことを考えたり、長期計画を立てることは決して得意ではありません。

そのためなにかを立ち上げようとしている赤い龍の子に「先のことをちゃんと考えているのか？」などと責め立てるようなことをいわないでください。

それから赤い龍の子どもは人に与えることはできても、「受け取る」ことが苦手です。物でも相手の好意でも、与えられることを拒否するところがあります。しかし、人が幸せになるためには「ギブ＆テイク」が大事です。もちろん与えることはすばらしいことですが、循環のためには受け取ることも必要なのです。受け取ることは相手を尊

重することでもあります。そしてお金も愛も循環してこそ、価値を発揮します。この自然の法則に従い、喜んで受け取ること、それをぜひ子どもに教えてあげてください。それにより赤い龍の子どもの魂はより輝き、よりよい人生となります。

★「赤い蛇」の子ども
スキンシップが大好きなまっすぐな子

―― 子育ての基本方針　オン・オフを明確に。家庭ではしっかり休ませてあげる ――

好き嫌いがハッキリしていて自己主張の強い子どもです。まっすぐ進む直進型です。赤い蛇の子どもは根底に親密感、一体感を求める気持ちが強くあるのです。そのためスキンシップが大好きです。家庭ではなるべくスキンシップの機会を多く作ってあげてください。

大人でも「元気だった？」といいながら肩をポンと触れてきたり、そのような身振りこそ赤い蛇の特徴です。

3　あなたの子どもを輝かせ周波数を高める育て方

一方、赤い蛇の子どもはとても神経をつかいます。人の視線、人の評価を非常に気にするところがあります。その結果、神経が疲れ果ててしまうのです。

キリスト教圏の人はよくわかってくれるのですが、人の目ではなく神の目、神がいつも見ているという考え方のほうが平常心が保てます。

人の目を気にすると人生が不自由になりますが、神の目を意識して生きれば人生は本当の意味で自由になるのです。その視点を教えてあげてください。

家では神経を休ませるよう配慮してあげてください。外では思いっ切り神経を使っていますから、どこかでリフレッシュが必要なのです。大事なのはしっかりリラックスして寝ること。特に休みの日は十分な睡眠時間を確保しましょう。

アウトドアや体を動かすのもよいでしょう。特に赤い蛇は運動神経がいい子どもが多いので、なにかスポーツをさせるとよいでしょう。チームプレーでも個人競技でもOKです。

学校に行く時間、家で休む時間、がんばるとき、休むときというようにオンとオフを明確に、メリハリをつけることで上手にメンタルをコントロールできます。ながら

勉強は向きません。

★「赤い月」の子ども
一つのことに徹する一流志向

■子育て基本方針　使命感を持たせ、一流に触れさせる

　赤い月の子どもは、やるときはやるタイプ。そう簡単に腰を上げようとはしませんが、ひとたび決めると徹底して果たそうとします。ですから一つのことに徹するのがいいのです。「やり通す」ことで見えてくるものがあるはずです。逆にいえば一度にいろんなことを器用にこなすタイプではありません。

　子どもであっても自分の果たすべき役割を認識させることで魂が輝きます。学校の当番、児童会の役員、家庭ではお手伝いなど。自分の果たすべきことをしっかりやり遂げることを教えてください。

　それから赤い月は「一流」ということに非常に敏感に反応します。どんな分野でも

3　あなたの子どもを輝かせ周波数を高める育て方

いいですから、一流のものに触れさせてください。その中から共鳴するものがあるでしょう。そのうえでそれを見極める目が育ちます。実際、芸能人・有名人でも吉永小百合さん、桑田圭祐さん、篠山紀信さんなど、赤い月は一流の人が多いのです。

赤い月に限りませんが、人生において役割・使命というものは決まっています。そしてそれを支えてくれる人も決まっています。

役割を明確にすることですべてが定まってきます。生命を賭してまでやりたいことに出合うと無上の喜びが湧いてくるのです。

★「赤い空歩く人」の子ども
──感受性が強く大人びた良識派──
子育て基本方針　「奉仕の精神」で物事にのぞむこと

妙に大人びたことをいうなど、子どもらしくないところがあります。考え方は保守的であまり冒険的なことを好みません。子どもながらに経験論者です。

また面倒見がよく、友達付き合いがいい子どもでもあります。
感受性が強く、いろんなことに敏感に反応します。それで神経が疲れてしまうこともあるので、気を休める場というものが必要です。
また、一人になりたい、一人で過ごしたいという願望があります。そういうときには無理に人の輪に引きずり込んだりしないで、認めてあげることが大事です。
不思議なことが大好きでUFOやスピリチュアル系のことに興味を持つ子どもが多いのも特徴です。
教育法としては、奉仕の気持ち、ボランティア精神を発揮させる活動をさせるといいでしょう。赤い空歩く人は心の奥底に「世のため、人のために尽くしたい」という気持ちが強くありますから、その部分を育ててあげてください。
ボーイスカウト、ガールスカウト、地域のボランティア活動など積極的に参加させてみましょう。
奉仕の気持ちで行動することによって、さまざまなことを学びます。
紋章が赤い空歩く人の松下幸之助の言葉にこのようなものがあります。

3　あなたの子どもを輝かせ周波数を高める育て方

「愛される人になれ　人に施す人になれ」

成功するためにはこの一言であり、この一言のような存在になれば誰でも成功できると松下幸之助はいっているのです。まさに赤い空歩く人にぴったりの言葉です。

★「赤い地球」の子ども
バランス感覚にあふれ絆(きずな)を大事にする

―子育て基本方針　結果を出させる教育。同時にプロセスも大事に―

赤い地球の子どもはとにかく「語り合いたい」という思いを強く持っています。語り合うことによって心のつながりを求めているのです。

ですから子育てにおいては「心の絆を結ぶ」ということをなによりも大事に考えてあげてください。

物事を判断する力があり、バランス感覚にも優れているため、子どもの間でも頼りになる存在。なにかと相談されることも多いでしょう。

一方で赤い地球の子どもは神経が過敏なところがあります。家庭ではストレスを緩和させてあげるよう配慮してあげてください。語り合い、心のつながりを確認することでストレスは解消されます。

教育では「結果」を出させることが大事です。結果が出ることによって、自信を持ち、ますますやる気になります。

また、赤い地球の子どもはリズム感に非常に優れています。ダンスや音楽などリズム感を育てる教育をするとよいでしょう。

このリズム感は勉強にも生かすことができます。リズムに乗ることですべてがスムーズに運ぶでしょう。

もちろん結果を出すためにはプロセスが大事。どんなことにも一生懸命取り組むことと、真摯(しんし)に取り組むことがよい人生になる秘訣です。

3 あなたの子どもを輝かせ周波数を高める育て方

白いグループ

・**このグループの特色**

ある意味で厳しさを求め、厳しさを受け止めることができる子どもです。勉強やスポーツ、習い事など、厳しくすべきところは厳しくしつけることで、その子の才能が開花します。

また、純粋で感覚が鋭敏な子どもが多いのが特徴です。スピリチュアル的なものに興味のある子どもも多いのです。

・**魂の輝く子育てポイント**

魂の輝く時間が夜なので、夜の時間の使い方が大事です。

子どものうちからあまり夜型というのもお勧めできませんが、夜のうちに次の日のスケジュールを立て、入念に準備する習慣を身につけるとよいでしょう。夜のうちに

インプットしておくことで夢がかないます。

・**健康的に育てるには**

白いグループの元素は「空気」です。そのため呼吸器系に敏感な子どもが多くいます。よどんだ空気や汚れた空気をイヤがります。

ですからいい空気を吸わせることがとても大事です。

部屋はいつも風通しをよくすること、場合によっては空気清浄機などの設置もお勧めです。

都会住まいの人は、ときどき田舎に行ってリフレッシュさせてあげてください。いい空気を吸うことでエネルギーが高まります。

また、匂いにもかなり敏感です。家の匂いなども気にしますから、常に住環境を整えてあげてください。

3 あなたの子どもを輝かせ周波数を高める育て方

★「白い風」の子ども
繊細で傷つきやすく自分の気持ちをわかってほしい――
── 子育て基本方針　語り合い、共感してあげること ──

　白い風の子どもは「自分の考えを聞いてほしい、共感してほしい」という思いがとても強いのです。共感されることでリズムに乗り、喜びが膨らみます。ですから子どもとしっかり語り合うことで、非常によい親子関係を築くことができます。
　白い風の子どもは少し複雑なところがあり、本当は繊細で傷つきやすい感性を持っているのに、一見そのようには見えないのです。繊細ではあるのですが、それだけに話が通じなかったり、自分が理解してもらえないと強引さが顔を出してしまいます。
　例を挙げると元横綱の朝青龍などは白い風の典型例といってよいでしょう。繊細であるがゆえに虚勢をはり強がるところがあります。
　ほかにも芸能人・有名人では和田アキ子さん、長渕剛さんが白い風です。
　白い風の子どもは心の中まで、訪ねるような気持ちで細やかに関心を持つ必要があ

ります。繊細さを理解してあげないと、内心とても傷ついている場合があります。ではどう育てればいいかというと、やはり「共感」してあげることです。そして本人へも人に共感してあげることを教えてあげてください。

自分が共感してほしかったら、まず自分が相手に共感することが大事です。人間関係は相手への共感の良し悪しで決まるといってもよいくらいです。それを教えることで白い風の子どもの人生はスムーズになります。

教育としては音楽、情操教育に力を入れてみてください。繊細で芸術的な才能がありますから、感性を育てる教育がよいのです。

★「白い世界の橋渡し」の子ども

人付き合いがよく人とのかかわりの中で育つ

――子育て基本方針　もてなしの心で接すること、分かち合う喜びを教える――

白い世界の橋渡しの子どもは人付き合いが上手です。

3　あなたの子どもを輝かせ周波数を高める育て方

「橋渡し」ですから、人と人の間の関係をつなぎ、人と接することで力を発揮する紋章です。そのためには「もてなし」の心を持ち、相手の立場に立つことがなにより大事です。もてなしの心を持つことでモチベーションが高まります。

ところが我が出てしまい「自分だけ」という思いが強くなると、「橋渡し」ができません。小さいうちから「みんなで分かち合う」「シェアする」ということをいって聞かせることです。マイナス面が出ると自分の都合のいいようにコントロールしようとします。

また、人間関係の中で育つ紋章ですから、たくさんの友達に囲まれて過ごすことがよいのです。その中で将来に必要なことを学んでいきます。なるべく多く友達ができるような環境を作ってあげてください。

白い世界の橋渡しは一攫千金とか一夜にして大成功というよりも、コツコツ積み重ね、それがやがて花開くという人生です。ですから子どものころから「コツコツ積み重ねる」教育を行うとよいのです。

ドリルを毎日1頁ずつやるとか、毎日1キロずつ走るとか、どんなことでもよいの

です。続けていくことで、やがてはそれが大きな成功につながるということを教えてあげてください。

★「白い犬」の子ども

家族思い。自分の信念を貫く
― 子育て基本方針 訓練次第で伸びる。家族愛を広げる

非常に我慢強さ、忍耐強さがあります。また、孤独にも強い紋章で、一度口にしたことはなんとしてでも守ろうとする信念を持っています。またストレス社会を生き抜く生命力にあふれています。

白い犬の子どもは家族思いで家族愛が非常に強い子どもです。しかし、家族愛を身内だけに特定してしまうと視野が狭くなりかねません。友達、仲間を広く家族ととらえ分かち合うことが白い犬のテーマとなります。

そのためには「信頼」を大切にすることです。仲間と信頼関係を結ぶことができる

3　あなたの子どもを輝かせ周波数を高める育て方

かどうかです。

白い犬が人間的に成長するためには「訓練」が大事です。クラブ活動、ボーイスカウト、武道など、訓練してくれる場所に連れ出してください。忍耐力がありますから、少しぐらい厳しくても大丈夫です。

むしろ少し厳しいぐらいがちょうどいいのです。訓練をすることで白い犬の子どもはいくらでも成長できるのです。

訓練が足りない白い犬は、まるで「野犬」状態になってしまい、身勝手になってしまいます。

家でのしつけも叱るときはビシッと叱るというメリハリが大事です。その際に大事なことは感情的にならないということ。特に白い犬には感情をぶつけてよくいわれるように怒ることと叱ることは違います。

ると逆効果です。

家族で一緒に行動することが大きな喜びとなりますから、子どものうちにできるだけ一緒に出かける機会を作ってあげるといいでしょう。

★「白い魔法使い」の子ども
常にベストを尽くすがんばり屋さん
― 子育て基本方針　許すことの大切さを教える ―

子どものころから非常に生真面目で、どんなことにもベストを尽くします。心配性なところがあり、「こうすればああなる、ああすればこうなる」といった具合に、常に「想定」するクセがあります。

この紋章を持つ元ライブドア社長のホリエモンこと堀江貴文さんが「想定外」という言葉をよく使っていましたが、これは彼が常に「想定」をしていたからです。

しかし、ときにそれが行きすぎると、取り越し苦労、気苦労となることがあります。

人生は「想定外」のことがいっぱい起こるのですから、「枠」を広げていくことが必要です。

世の中にはいろいろな視点、考え方があるということを教えてあげてください。海外旅行で異文化に触れたり、いろんな世界の人と交わることもよいでしょう。

3　あなたの子どもを輝かせ周波数を高める育て方

それから白い魔法使いは自分が真面目でベストを尽くす分、中途半端な人や、真面目に取り組まない人が許せないのです。

「こうすればやれるのに、なぜあの人はやらないのか」と、つい批判的になってしまいがちです。

人を許せないとどんどん自分が苦しくなります。

許すことを教えてください。そのためには人の悪いところ、欠点を認めるということではなく、こういういいところもある、ああいういいところもあるというように、長所を見ることです。

欠点はあるがこんな美点もあるのだという風に人を見ていく。いいところだけの人間はいないが、逆に悪いところだけの人間もいないことを、伝えることです。

そうやって人を許すことを覚えると、白い魔法使いは自分自身がラクになり、人生がよいほうに流れていきます。

★「白い鏡」の子ども

自立心が強くルールを守るきっちりした子

――子育て基本方針　ルールは最低限にして温かく見守る――

子どものころから自立心・独立心が強く、自分の力で生きていくというしっかりした意志を持っています。

また「ルールを守る」という意識が非常に強くあります。自らもルールを守り、ルール違反する人を嫌います。しかし、それもよしあしで、ルールばかり守っても人として行きづまることになりかねません。「鏡」だけに、枠にはまった生き方になってしまうと紋章のマイナス面が出てきてしまいます。

そのため白い鏡の子どもの育て方としては、枠にはめない育て方をすることです。ルールは最低限にして、あとは自由にさせて見守る。やや放任ぐらいがちょうどよいでしょう。

また、枠にはめないために、広い世界を見せるということが大事です。異文化に触

3　あなたの子どもを輝かせ周波数を高める育て方

れさせたり、いろんな世界や職業の人に会わせるといいでしょう。得てして「形」を大事にするところがありますが、形より大事なものがあるということを教えてください。

「少年よ、大志を抱け」の言葉で有名なクラーク博士は、北海道大学（当時の札幌農学校）に就任したとき、すべてのルールを撤廃したそうです。

それまで札幌農学校は校則が非常に厳しかったそうですが、博士は「ルールはいらない。その代わりにビージェントルマン（紳士たれ）」と述べたそうです。

つまり「良心基準」を高めればルールはいらないのです。それが人としての本来あるべき姿というわけです。そういったことを徐々に教えていってください。そのためには道徳教育、宗教教育も取り入れるとよいでしょう。

また、白い鏡の子どもは「映像」に対して適性があります。鏡ですから映し出すことができるのです。勉強でも映像で入れるとどんどん吸収します。映画監督なども白い鏡が多いのです。

DVDやパソコンを使った学習などもいいでしょう。

青いグループ

・このグループの特色

青いグループの子どもはやさしく、情緒豊かな子どもが多いのが特徴です。ですから青の子どもは年寄りにかわいがられることが非常に多いのです。社会に出ても年配者に助けられることがよくあります。

また、自分の世界があり、ロマンチストです。しかしその分、雰囲気に流されやすい一面もあります。

・魂の輝く子育てポイント

青の子どもは「理解者」を求めています。自分が理解されたくて話しかけてくるのです。親は最大の理解者となってあげましょう。

また、理解し合える友人関係が作れるようサポートしてあげてください。理解者が

3 あなたの子どもを輝かせ周波数を高める育て方

得られないとエネルギーがしぼんでしまいます。

・**健康的に育てるには**

青いグループの元素は「水」となります。温泉やお風呂に入る、シャワーを浴びる、プールで泳ぐなど水に触れることで周波数が高まり、元気になったりします。日常生活では特に手を洗う習慣をつけるといいでしょう。水を飲むなど水とともに暮らすのです。旅行やレジャーも温泉や海、釣りなど、水に関係したところに行くのがお勧めです。

★「青い夜」の子ども
自分の世界をしっかり持った現実派
━━子育て基本方針　夢と目標を持たせる、外に出て自然に触れさせる━━

非常にマイペースな子どもです。あまりに周りに影響されないので親をイライラさ

せることもあるでしょう。一方で経済観念が強く、現実的な一面もあります。20の紋章の中でも、もっとも人の影響を受けないタイプです。そのためコツコツと貯金するタイプでもあります。

青い夜の子どもは自分の世界観がとても強く、自分の世界に閉じこもる傾向があります。自分のカプセル、シェルターを持っているのです。それが悪い方向に出るとその中に閉じこもってしまいます。そうなると頑(かたく)なで手の施しようがないほどです。

外に出て自然と接することが青い夜にとってはとても大事です。旅行やレジャーはなるべく自然に触れることができる場所、自然の多い場所を意識して選んでください。マラソン、サイクリングなどのアウトドアスポーツに取り組むこともお勧めです。

また、青い夜は夢と目標が力の源泉となるタイプ。目標に向かって無我夢中になることがシンクロを呼び寄せるのです。

親御さんはなにか子どもが一生懸命やれるもの、関心の高いものを一緒に探してあげてください。夢や目標に向かって夢中になっているときが、青い夜の子どもは一番魂が輝くのです。夢と目標を明確に打ち出すことで、充実した人生を送ることができ

3　あなたの子どもを輝かせ周波数を高める育て方

るでしょう。

★「青い手」の子ども

神のごとき手の持ち主。手を使うことで人生が輝く

——子育て基本方針　いろんなことを体験させる、手間ひまかけることを学ばせる——

体験によってはぐくまれる紋章です。話して聞かせるのではなく、体験してみてはじめて確実に理解するというところがあります。ですからなるべくいろんな体験ができるように工夫してあげてください。体験学習などがお勧めです。

面白いことに青い手の話は全部「体験談」なのです。楽天の野村監督がこの青い手ですが、彼の著書『野村ノート』（小学館）は、今後の構想とかビジョンといったものはなく、すべて体験を分析したものです。これが青い手の特徴なのです。

また、青い手はどの子も非常に手先が器用です。趣味でも習い事でも手を使う作業をどんどんさせてください。手を使うことで必ず何らかのシンクロが起こるはずです。

逆に青い手が一番してはいけないのは「手抜き」。手抜きを覚えた青い手は、本来の持ち味が吹き飛んでしまいます。手を抜くことは心を抜くこと。心の入っていないものは人を喜ばせることができません。手を抜けることの大切さ、手間ひまをかけたものは輝きが違うことをしっかりと教えてください。

また、青い手の子どもは「理解してほしい」という思いが強くあります。理解されることで、青い手は大いに能力を発揮できるのです。

逆に理解されないと、本来の持っている才能や個性が生かされません。日ごろから話をじっくり聞いてあげるように努めてください。

★「青い猿」の子ども
人生ひらめきで楽しく生きる自由人

──子育て基本方針　ひらめきで人を喜ばせることで自分も楽しくなることを学ばせる

青い猿の子どもは、非常に強いひらめき力、イメージ力を持っています。ノーベル

3 あなたの子どもを輝かせ周波数を高める育て方

賞受賞者には青い猿が多くいます。そもそもノーベル自身も青い猿です。遊び心にあふれ、楽しいことがないかといつも探しています。どんなことも楽しくしてしまう才覚があり、特に人を喜ばせたいと思うとすぐにひらめきます。いたずらも大好き。いたずらはひらめきがあるからできることなのです。

タレントのタモリさんも青い猿ですが、彼の持つ番組はどれも長寿番組です。あれは彼のアイデア、ひらめきが十分に発揮された結果でしょう。

ですから青い猿の子どもにはひらめきとアイデアが湧く環境作りをしてあげることが大事です。

そのためには自由を制約しないこと。青い猿は拘束されると思考停止状態になってしまうのです。

もちろんまったくの放任主義というのもダメで、最低限のモラル、ルールを教えることはもちろん大事です。その中であとは本人の自由意志を尊重することです。

楽しいことが大好きですから、それを勉学にも生かしてください。ゲーム感覚で楽しみながら覚えていくような学習法がベストです。

また青い猿は「不思議大好き」人間でもあります。スピリチュアル系、精神世界系に強く引かれる子どもも多いのです。

★「青い鷲」の子ども
鋭い観察力を持った聡明な子ども

■子育て基本方針　人を助けることの大切さを教える、心をいい状態に保つ

子どもでありながら、冷静に状況を観察しているようなところがあります。観察力・分析力は非常に優れています。先を見通す力があり、物事を客観的に見ることができます。

青い鷲は常に前向きでやる気に満ちています。しかし、それを否定されたり、モチベーションが下がるようなことをいわれるのが大嫌いです。やる気を損なわないこと、モチベーションを育てる教育を心がけてください。

青い鷲は心の状態がとても大切です。

3　あなたの子どもを輝かせ周波数を高める育て方

心が落ち着かなかったり、荒れているなど、マイナスの状態だとネガティブになったり、批判的になったりします。観察力があるだけに、人の悪い点もよく見えてしまうのです。

マイナスなことについては「見ざる言わざる聞かざる」の姿勢が大切だということを教えてください。

心が満タンでいい状態であってこそ、モチベーションが上がり、すべてがよい結果となります。持ち前の救済意識も目を覚まします。

ちなみにコスモ石油の「心も満タンに　コスモ石油」というCMがありますが、あのCMに出演していた女優榮倉奈々さんも青い鷲です。

教育法としてはテーマの設定が大事です。テーマを決めてそれに向かってモチベーションを高めることでシンクロが起こるのです。

また、青い鷲は自由に空を飛びまわってこそ鷲の個性が生きるもの。あまり制約したり、決め事を多くしないで、最低限のルール設定後は自由にさせることです。

★「青い嵐」の子ども

なにに対しても全力投球。人々を巻きこむ力がある

――子育て基本方針　エネルギーの放出、プラス思考を植えつける――

エネルギッシュで生命力にあふれた子どもです。ひとたびハマると勉強も運動も全力で取り組み、完全燃焼します。パワフルなため大きな事をなすような可能性もあります。

「自分はやれる」という信じる力、思いこみが強く、周囲を巻きこんでいくエネルギーに満ちています。

ですからプラスの思いこみということが非常に重要です。心から信じることでそれが達成できるということを伝えてください。

そのためにも具体的な目標、思い描きやすい夢を持つことがいいのです。やはり夢の実現のためには明確なイメージを持つことが大事で、イメージの湧かない夢はかなわないのです。

3　あなたの子どもを輝かせ周波数を高める育て方

常にイメージを持つこと、そしてそれによって目標を達成することができるということを小さいころから明確に伝えましょう。

青い嵐は「自己変革」がキーワードとなります。自分を成長させるためには常に変革、チェンジを行っていく必要があります。

これを生かすためには、定期的に目標を変えながら、それを着実に達成していくということがよいのです。

一つひとつ達成し、自分の成長を実感できると青い嵐はさらにエネルギーが高まっていきます。また、全力投入することでエネルギーが放出され、循環がよくなります。

青い嵐の子どもは料理・味覚に大変縁があります。味覚の鋭い子、グルメの子どもが多いのです。料理好きな子も多いので、意欲的なときは積極的に手伝わせてください。

青い嵐は台所に行くだけで元気になるところがあります。実際、プロの料理人は青い嵐が多いのです。

黄色いグループ

・このグループの特色

昼間からバリバリ動くイメージです。「正々堂々と生きたい」という気持ちが強く、しっかりした子どもが多いのです。

心から納得したいタイプです。そのため自分が消化不良の場合は、聞き入れません。納得するまでは動こうとしません。

一方で我慢することが苦手です。ときには我慢させる教育、忍耐を植えつける教育も大事です。

・魂の輝く子育てポイント

黄色い子どもは説明を求める子どもです。納得したいという気持ちが強くあります。

3 あなたの子どもを輝かせ周波数を高める育て方

納得しない限り、親の言うことも聞きません。親にしてみたら一番手のかかるグループといえるかもしれませんが、何事もしっかり説明をして納得させてあげてください。
この黄色いグループには「責任を持たせる」教育法がよいのです。家のお手伝いなど役割を決めて、責任を持たせてみましょう。

・**健康的に育てるには**

黄色いグループの元素は「火」です。火で浄化され、魂が輝きます。子どもに火を使わせるのもよしあしですが、料理をさせるのもいいですし、お香をたく、花火を楽しむといったことでもいいでしょう。
また太陽のさんさんと照る場所、明るい場所に行くと周波数が上がり、やる気がでてきます。
旅行は南の島などビーチリゾートがお勧めです。

★「黄色い種」の子ども

探究心が強く、熱中するものを持つことで輝く

―― 子育て基本方針　学びの楽しさを教える、説明をしっかりしてあげる ――

非常に探究心が強く、「納得したい」という思いが人一倍強くあります。親は面倒くさがらないで丁寧に説明してあげるやさしさが要求されます。

非常に向上心・探究心の強い子どもです。名のある研究者、学者には黄色い種が多いのです。ある分野に対して非常に詳しく、「昆虫博士」「鉄道博士」などと呼ばれる子どもがいますが、まさにそれが黄色い種です。

黄色い種は「深みにはまる」ところがあります。それは必ずしも悪い意味ではなく、深みにはまることで大きな力を発揮する紋章なのです。というよりも、深みにはまらなければ人生が輝かないといってもよいぐらいです。深みといっても、特に学ぶことにはまる傾向があるので、学ぶことの楽しさを教えてあげると伸びます。

しかし「深みにはまる」が悪い方向に出てしまうと、ギャンブルやドラッグなどに

3　あなたの子どもを輝かせ周波数を高める育て方

はまるということになります。子どものうちから注意を促しておいてください。

まずは子どもが関心を持つことを一緒に探してあげてください。図鑑や事典を与えて一緒に見るのもよいでしょう。

休みの日には博物館や美術館に連れて行ってあげてください。そういう活動の中から子どもが何に反応するかを注意深く見きわめてください。

熱中できるなにかを探せるかどうかで黄色い種の人生が決まります。熱中することで黄色い種の魂が輝き、シンクロが起こるのです。

★「黄色い星」の子ども

芸術的センスのある感性豊かな子ども

――子育て基本方針　環境を整えてあげる、人を責めないことを教える――

美意識が強く芸術的な才覚のある子どもです。子どもが関心を持ったものに取り組めるような環境作りをしてあげてください。

美意識が強いので、家の中や部屋なども美しく整えてください。環境が乱れると黄色い星は心が乱れ、魂の輝きが失われてしまいます。
芸術作品を見せたり、芸術的活動をしている人に会わせるのもいいでしょう。演奏会や美術展などもできる限り連れて行ってあげてほしいのです。
一流の芸術を見せることで本来持っているものが目覚めます。黄色い星の目覚めの瞬間は本物に出合ったときです。
また、黄色い星は「プロ意識」がキーワードとなります。子どもではありますが、プロ意識を持つことで感性が鋭く磨かれるのです。
先に紹介した我喜屋監督は「食事をいただくときはプロの料理人だと思って食べなさい」「水を飲むときは水の専門家だと思って飲みなさい」と部員に指導しています。
これは黄色い星にとってはとても重要な教えで、プロ意識を持つことで黄色い星の感性が磨かれるのです。
ちょっと気をつけたいのは黄色い星は、人を責めがちなところがあります。人を責めることは自分を責めること。その点をよく教えてください。

3 あなたの子どもを輝かせ周波数を高める育て方

★「黄色い人」の子ども

型にはまらない自由人
──子育て基本方針　長所を思い切り伸ばす、子どもが感動するものを探す──

子どものころから型にはまらない自由人です。柔軟で、ちょっと人が考え付かないような発想をします。その反面、人の干渉を嫌います。自由意志を認めてほしい、自由にさせてほしいという願望を強く持っています。

また、関心のあるものには積極的に取り組みますが、興味のないものには見向きもしないところがあります。

この持ち味をいかに生かすかということが教育のポイントとなってきます。

黄色い人の子どもは「感動」ということがキーワードとなります。自分が感動するとそれを周りに感化させる力があるのです。感動の本質は喜びです。

世の中では喜んでいる人こそ一番感化力を発揮します。感動して人を巻きこみ、人を喜ばせることができるとき、黄色い人の魂は輝くのです。

ですから子どものうちからできるだけ感動できることを探し、それに触れさせるといいのです。映画でもいいし、本、スポーツでもいいでしょう。なにが子どもを感動させるか、一緒に探してあげてください。そこに、徹底して伸ばしたい長所が隠れていることがあります。

しつけとしては「道理」を育てることがよいでしょう。道理を正すということに反応しますから、筋道が通っている、通っていないということをはっきりさせる教育がよいのです。

人として何が大切か、どう生きるかなど意見交換するとよいでしょう。

★「黄色い戦士」の子ども
── 実直で飾り気のないチャレンジャー
── 子育て基本方針　わかりやすい目標を設定しチャレンジさせる

チャレンジャーです。挑戦することで生きる力、パワーが湧いてきます。また困難

3 あなたの子どもを輝かせ周波数を高める育て方

に立ち向かう強さを持っています。

非常に行動型で、行動してこそ、紋章の個性が生きてきます。逆に行動しないと、こもることになりかねません。

性格は正直かつ実直です。嘘をついたり大きなことをいうことはあまりしません。それゆえ人から信頼されます。

しかし、実直すぎて場合によって人を傷つけ、トラブルになってしまうこともあるので注意してください。

俗に「空気を読めない人」といいますが、空気が読めないということは思いやりが足りない、いってはいけないことをいってしまうということにほかなりません。

実直なことはすばらしいことではありますが、それだけでなく、常に思いやりを忘れないことがトラブル回避の最大の方法です。

黄色い戦士は常に「なんで」「どうして」と自問自答をする傾向があります。親にもそれをぶつけてきます。

本当に些細(ささい)なこと、細かいことにも突っこんでくるので、時として面倒になること

――― 133 ―――

もありますが、そこを丁寧に答えてあげてください。
それもいい加減にお茶を濁すのではなく、説得力のある回答が願われます。なぜならば黄色い戦士はどんなことにも「納得したい」という思いがあるのです。納得することで心が落ち着いてきます。

教育法としては資格取得や試験を受けさせることがよいでしょう。目標があるとそれに向かってがんばります。

英検でも、そろばんの検定、空手の昇進試験などでもいいでしょう。わかりやすい目標を設定してあげることが充実につながります。

また黄色い戦士は「背骨」というキーワードがあります。背骨をまっすぐにすると前向きな心を保ちやすいのです。

剣道で使用する竹刀での素振りなどは有効な健康法です。素振りをさせるだけでもよいでしょう。

3 あなたの子どもを輝かせ周波数を高める育て方

★「黄色い太陽」の子ども

周りをパッと明るくする主人公タイプ

━━子育て基本方針　責任を持たせ、それを遂行させることで成長する━━

黄色い太陽の子どもはしっかりもので大人びています。責任感が人一倍強く、自分の考えや意見を持っています。また、親にとやかくいわれるのをイヤがります。

黄色い太陽には世の中を照らすという役割があります。強い存在感があり、常に主役的立場。

芸能人・有名人でいえば沢尻エリカさん、安室奈美恵さん、米倉涼子さん、黒木メイサさん、孫正義さんなど、とてもわき役になりそうもない人たちばかりです。

実際、会社の社長や企業のトップは黄色い太陽が多いのです。

この紋章の特徴として物心両面で恵まれた人生を送る傾向にあります。しかし、感謝を忘れると大切なものを失いかねません。恵まれているからこそ感謝を忘れずに、周りの人に「与える」ことを意識しましょう。豊かさや幸せというものは感謝の度合

いで決まるものです。
ですから、ぜひとも小さいうちから与える喜びを教えてあげてほしいのです。与えることで黄色い太陽の魂が輝き、シンクロが起こります。
教育法としては、責任を取らせる教育がベストです。役割を与え、それに対して責任を持ってのぞむことで成長していきます。

4

神秘の「マヤ」を活用すれば
親子関係が驚くほどよくなる

親子関係の決め手は「間の取り方」にあった

マヤでは紋章によって「関係性」というものがあります。この章では関係性ごとに、親子の間の取り方、子どもにどのように接すればよいかを紹介していきます。

親子関係において「間の取り方」というのは、実に重要な要素。子育てのみならず、相手との距離感の取り方は、よりよい人間関係を構築するうえで欠かせないことです。

たとえば親とベッタリ一緒にいたい子もいれば、自分のペースでやらせてほしいという子がいます。子どもが親と密接につながり、スキンシップを求めているのに、親があっさりとしたタイプだと、子どもは欲求不満に陥りかねません。

逆に子どもは自立心旺盛で早くから外に出たがっているのに、親がいつまでも手元におきたがり、干渉をしたのでは、その子どもの特性が失われてしまいます。

具体的には赤い蛇の親は子どもと一体感を求め、いつも一緒にいたいタイプです。

ところが子どもが青い夜だった場合、自分の世界を大事にしていて、親に対しても一

4 神秘の「マヤ」を活用すれば親子関係が驚くほどよくなる

歩距離をおいて接するようなところがあります。

また、黄色い人や黄色い太陽は親に干渉されることを極端なくらい嫌がります。

ですから親子関係においては、自分の紋章をわきまえたうえで、子どもの紋章の求める距離感を理解し子どもが居心地のいい距離感を保ってあげることが、もっとも大事なことです。

それを理解せずに親のスタンス、親の思いだけで親子の距離感を保とうとすると、関係が悪化したり、子どもに反発されてしまうことがあります。

子どもがどんな関係を望んでいるのか、心の奥底で何を求めているのか、この章でしっかりチェックしておきましょう。詳細に見るためにはウェイブ・スペルまでも必要ですが、ここでは太陽の紋章のみで見ていきます。

親子の「関係性」の出し方

マヤでの関係性には、「類似」、「神秘」、「反対」、「ガイド」の種類があります。ま

たこれとは別にまったく関係性がない場合と紋章が同じ場合があります。まずはそれぞれの関係性の出し方を簡単に説明していきましょう。いずれも自分の紋章の「コード」（次ページの表参照）によって割り出します。まずは自分の紋章のコード番号を確認してください。

・「類似」の関係
自分の紋章と子どもの紋章のコードを足して「19」になる関係です。

・「神秘」の関係
自分の紋章と子どもの紋章のコードを足して「21」になる関係です。

・「反対」の関係
自分の紋章のコードにプラス10、またはマイナス10の紋章が反対の紋章となります。コード0から9までは10プラス、コード11から19まではマイナス10してください。

4 神秘の「マヤ」を活用すれば親子関係が驚くほどよくなる

それぞれの紋章の「最初の数字」がコード番号

0. 黄色い太陽	冥王星	19. 青い嵐
1. 赤い龍	海王星	18. 白い鏡
2. 白い風	天王星	17. 赤い地球
3. 青い夜	土星	16. 黄色い戦士
4. 黄色い種	木星	15. 青い鷲
5. 赤い蛇	マルデク	14. 白い魔法使い
6. 白い世界の橋渡し	火星	13. 赤い空歩く人
7. 青い手	地球	12. 黄色い人
8. 黄色い星	金星	11. 青い猿
9. 赤い月	水星	10. 白い犬

・「ガイド」の関係

ほかの関係とは違い、「銀河の音」から導き出します。まず60、61頁の表をごらんください。自分の銀河の音を出します。

表の自分のKINナンバーの上についている・が銀河の音です。・は1、‥は2、…は3、‥‥は4というように続き、―は5です。

あとはこの組み合わせで$\dot{-}$は6、$\ddot{-}$は7、$\dddot{-}$は8、$\ddddot{-}$は9、$=$は10、$\dot{=}$は11、$\ddot{=}$は12、$\dddot{=}$は13といった具合です。

次に、144、145頁の表をご覧ください。黄色い太陽で銀河の音が1、6、11の人は黄色い太陽がガイド、銀河の音が2、7、12の人は黄色い人がガイドです。ガイドは必ず同じ色のグループがなります。

以上の関係性を踏まえた上で読み進めていただきます。それぞれの関係性が意味するものについて詳しく知りたいという方は前著『古代マヤ暦「20の刻印」』を参照してください。

親子の紋章で関係性がない場合

実は親子の紋章がまったく関係性がない場合も意外に数多くあります。ではそういう親子は縁がないのかというとそういうことではありません。その場合は、親が育てるというより、「社会が育てる」という意味があるのです。

親子であることは間違いないのですが、たとえば動物でいうと族が違う、種類が違うというぐらいの違いがあります。

ですから、子どもとの感覚の違い、考え方の違いを常日ごろから感じているのではないでしょうか。同じ物事を見ても、親子でとらえ方がかなり違うはずです。

子どもにとってもそれは同じなのです。それゆえ、関係性のない場合は親が自分の考えを子どもに押し付けようとすると、ことごとくうまくいきません。

考え方の違いを認め、理解することがもっとも大切です。子どものものの見方、考え方を尊重してあげてください。そのうえで「見守る」ことが大事です。放任するの

「ガイド」の紋章の出し方

3, 8, 13	4, 9	5, 10
黄色い種	黄色い戦士	黄色い星
赤い蛇	赤い地球	赤い月
白い世界の橋渡し	白い鏡	白い犬
青い手	青い嵐	青い猿
黄色い星	黄色い太陽	黄色い人
赤い月	赤い龍	赤い空歩く人
白い犬	白い風	白い魔法使い
青い猿	青い夜	青い鷲
黄色い人	黄色い種	黄色い戦士
赤い空歩く人	赤い蛇	赤い地球
白い魔法使い	白い世界の橋渡し	白い鏡
青い鷲	青い手	青い嵐
黄色い戦士	黄色い星	黄色い太陽
赤い地球	赤い月	赤い龍
白い鏡	白い犬	白い風
青い嵐	青い猿	青い夜
黄色い太陽	黄色い人	黄色い種
赤い龍	赤い空歩く人	赤い蛇
白い風	白い魔法使い	白い世界の橋渡し
青い夜	青い鷲	青い手

4　神秘の「マヤ」を活用すれば親子関係が驚くほどよくなる

「ガイド」の紋章の出し方

太陽の紋章＼銀河の音	1, 6, 11	2, 7, 12
0. 黄色い太陽	黄色い太陽	黄色い人
1. 赤い龍	赤い龍	赤い空歩く人
2. 白い風	白い風	白い魔法使い
3. 青い夜	青い夜	青い鷲
4. 黄色い種	黄色い種	黄色い戦士
5. 赤い蛇	赤い蛇	赤い地球
6. 白い世界の橋渡し	白い世界の橋渡し	白い鏡
7. 青い手	青い手	青い嵐
8. 黄色い星	黄色い星	黄色い太陽
9. 赤い月	赤い月	赤い龍
10. 白い犬	白い犬	白い風
11. 青い猿	青い猿	青い夜
12. 黄色い人	黄色い人	黄色い種
13. 赤い空歩く人	赤い空歩く人	赤い蛇
14. 白い魔法使い	白い魔法使い	白い世界の橋渡し
15. 青い鷲	青い鷲	青い手
16. 黄色い戦士	黄色い戦士	黄色い星
17. 赤い地球	赤い地球	赤い月
18. 白い鏡	白い鏡	白い犬
19. 青い嵐	青い嵐	青い猿

ではなく、見守るのです。

もちろん、道理をはずしているときは、叱ったり注意することも必要ですが、それ以上のことは、あまりあれこれ口出ししないことです。

子どもにいいたくなる気持ちもわかりますが、家庭内のケンカや言い争いはどの家庭も得てして些細なこと、どうでもいいことがほとんどではないでしょうか。

部屋を片付けないとか、口のきき方がどうのとか、大局的には人生に影響がないことです。そのときは気になるかもしれませんが、気にとめないことも必要でしょう。

心配しなくてもこういう子どもは、社会に出ると驚くほど変わるものです。もちろん子どものうちはいろいろあるでしょうが、社会に出ることによって目を見張るほど成長します。それを楽しみにしてください。

親子が同じ紋章の場合

親子が同じ紋章の場合は非常にラクな関係が築けます。感覚が似ていて、考えてい

4 神秘の「マヤ」を活用すれば親子関係が驚くほどよくなる

ることまで通じやすいのです。気遣いが不要で、家の中も安らぎの場所となります。

この場合、子どもは自分の姿が反映されていると考えてください。自分のミニ版です。

ということは、子どもに不具合を感じる場合、子どもの欠点やイヤな部分は自分の中にもあるわけです。特に自分の中に許せない部分は自分の中によく目に付きます。

「人の振り見て我が振り直す」という姿勢が大事です。

また、同じ紋章の親は子どもに対して、「かつて自分が実現できなかった夢」を押し付けてしまうことがあります。というのも、子どもに自分に通ずる同質のものを感じるため、「この子は自分の果たせなかった夢を実現してくれるのではないか」と思ってしまいがちなのです。

しかし、子どもはそんな夢を託されても負担に感じるだけです。それが子どもの人生を壊してしまう場合もあります。

特に親子が同じKINナンバーのときはこういうことが起こりやすいので、注意してください。

類似の関係――理想的な親子

類似の関係というのは一緒にいてまったく違和感がない関係です。同じ紋章同士とまではいきませんが、とても考え方や感覚が似ています。子どもも「親は自分を理解してくれている」と信頼を寄せやすいでしょう。

親子が横並びで同じ方向を向いている関係ですから、対立したり反目し合うことはそれほどありません。

ただ、まったく同じというわけではなく、あくまでも「似て非なるもの」というイメージです。

通じ合う部分は多いのですが、違う部分もあるということ。そこに価値をおいて認めてあげることが大事です。

実は類似の関係は、親子の関係としては理想的といってもいいのです。親も子もお互いに学ぶことが多いからです（類似、神秘、反対の関係は152頁の早見表参照）。

4　神秘の「マヤ」を活用すれば親子関係が驚くほどよくなる

神秘の関係──距離が近いので逆なですることも

　神秘の関係というのはお互いが向かい合っている関係で、非常に距離が近いのです。向かい合っていますから、お互いが無性に気になるし、相手のいうことすることに過敏に反応してしまうのです。

　また、距離が近い分、冷静になりづらいのです。感情的になってしまうこともしばしばです。

　ですから親子関係としては感情的になりやすい側面もあります。ケンカしながらも仲がよいという感覚です。

　近いだけにお互いに逆なでするようなところもあるのです。

　親としては子どもに対して努めて冷静に、客観的になるということが大事です。本質的には大好きな傾向にあるのですから。

反対の関係──自分の幅を広げよう

反対の関係というのは、まったく真逆に近い関係です。背中合わせに立っているようなもので、お互いに見ているものがまったく違うのです。また背中合わせですから、相手の姿も見えません。

ですから子どもを理解できないと悩むケースも多々あると思います。しかし一方では「自分が見えないものを子どもが見せてくれている」と考えることもできるわけです。自分と違うこと、自分との違いを認め、「そういう見方もあるんだな」という幅広い心を持つことがいい親子関係を結ぶためにはとても重要なことです。

ガイドの関係──親が子どもを助けるか子どもが親のガイドか

この場合、どちらがガイドしているかによって違います。

4　神秘の「マヤ」を活用すれば親子関係が驚くほどよくなる

子どもが親をガイドしている場合もあるし、親が子どもをガイドしている場合もあります。

子どもが親をガイドにしている場合、子どもが親に頼ってきます。その頼られていることに関しては誠意を持って対応してください。

逆に子どもが親のガイドになっている場合は、親がなにかと子どもに助けられることが多いのです。その場合はなるべく子どもの意見を尊重してあげてください。

この関係性の場合、お互いガイド同士になっているケースもありますが、それは非常にまれです。これは助け合う親子ということになります（144、145頁の「ガイド」の紋章の出し方の表を参照）。

マヤが教えてくれる子育て

それぞれの関係性について説明してきましたが、関係性を知ったうえで子育てをするのと、知らずに子育てをするのでは大きな違いがあります。

それぞれの紋章における「類似」紋章、「神秘」紋章、「反対」紋章の早見表

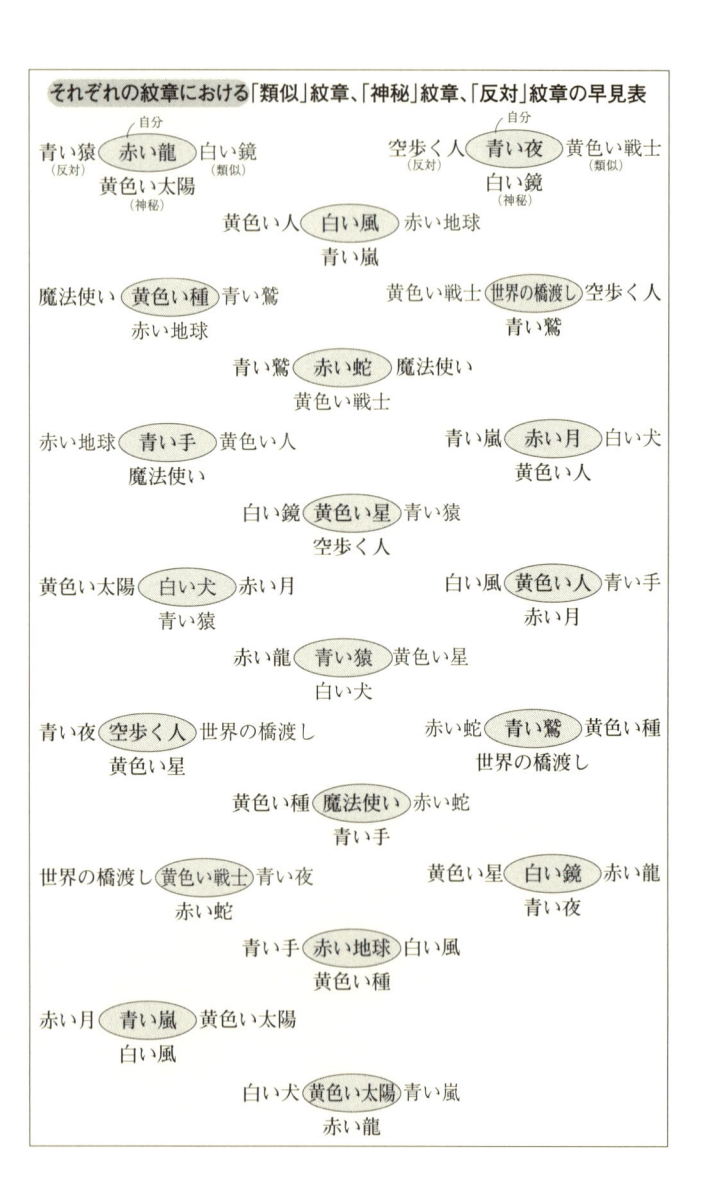

（自分）
青い猿　赤い龍　白い鏡
（反対）　　　（類似）
　　黄色い太陽
　　　（神秘）

（自分）
空歩く人　青い夜　黄色い戦士
（反対）　　　　（類似）
　　　白い鏡
　　　（神秘）

　　黄色い人　白い風　赤い地球
　　　　　　青い嵐

魔法使い　黄色い種　青い鷲
　　　　赤い地球

　　　　黄色い戦士　世界の橋渡し　空歩く人
　　　　　　　　　青い鷲

　　青い鷲　赤い蛇　魔法使い
　　　　黄色い戦士

赤い地球　青い手　黄色い人
　　　　魔法使い

　　　　青い嵐　赤い月　白い犬
　　　　　　　黄色い人

　　白い鏡　黄色い星　青い猿
　　　　空歩く人

黄色い太陽　白い犬　赤い月
　　　　青い猿

　　　　白い風　黄色い人　青い手
　　　　　　　赤い月

　　赤い龍　青い猿　黄色い星
　　　　白い犬

青い夜　空歩く人　世界の橋渡し
　　　　黄色い星

　　　　赤い蛇　青い鷲　黄色い種
　　　　　　　世界の橋渡し

　　黄色い種　魔法使い　赤い蛇
　　　　青い手

世界の橋渡し　黄色い戦士　青い夜
　　　　赤い蛇

　　　　黄色い星　白い鏡　赤い龍
　　　　　　　青い夜

　　青い手　赤い地球　白い風
　　　　黄色い種

赤い月　青い嵐　黄色い太陽
　　　　白い風

　　　　白い犬　黄色い太陽　青い嵐
　　　　　　　赤い龍

4　神秘の「マヤ」を活用すれば親子関係が驚くほどよくなる

「なんでうちの子はいうことを聞かないのだろう」
「私が注意をすると必ず反発してくるのはなぜ」
子どもに対して日ごろ疑問に思っていること、子育てで悩んでいることの解決法の「カギ」が「関係性」にあるのです。

たとえば、こういうことがありました。ご夫婦は四十代、子どもは中学生の長男、長女、下三人は小学生とのことでした。

夫婦で相談に見えたのですが、内容は「お母さんが子育てしにくくてたまらない」というものでした。子ども五人全員がお母さんのいうことを聞かないということで、ほとほと疲れ果てている様子でした。

マヤで見てみると、なんと五人全員がお母さんと関係性がないのです。これには驚きました。ふつう、子どもが二人か三人いたら、一人は関係性があるものです。一方、父親とはどうかというと、次男以外は全員がお父さんと関係性があるのです。

これではお母さんが育てにくいというのも無理がありません。子ども全員がお母さ

んのいうことを聞かないのもわかるような気がします。

そこでご夫婦には家に帰ってある実験をしてもらいました。

まず先にお母さんが「お風呂に入りなさい」と呼んだところ、子どもは誰も返事さえしなかったそうです。次にお父さんが「風呂に入りなさい」と軽く呼びかけてみました。すると不思議なほど、全員が「はーい」といって順番に入ったというのです。

まさにマヤで見たとおりのことが起こっているわけです。

この場合、足がかりとなる子どもがいるはずなのです。見ると長男、長女が下三人の面倒を見ることになっています。ということは、長男、長女をお父さんがしっかり見てあげればうまくいくはずです。そこで、お父さんに毎日、長男、長女に対して「お母さんに協力してあげてほしい」といってもらいました。

「お父さんからいう」というのがこの場合のポイントです。そしてお母さんにはお父さんが家に帰ったら子どもたちに聞こえるように「今日はこういうふうに協力してくれたのよ」と報告するようにしたのです。

時間の経過とともに、子どもたちが少しずつ変わり、育てやすくなったといいます。

4 神秘の「マヤ」を活用すれば親子関係が驚くほどよくなる

このようなこともマヤで関係性を見ることで、各々の役割や解決法が示されてくる一例です。

関係性がなくてもおじいちゃん、おばあちゃんが……

親と子が関係性がないケースというのはよくあると述べました。共働きで子どもの面倒をおじいちゃんおばあちゃんに任せきりにしてしまったことを後悔しているご両親というのがよくいらっしゃるのですが、子どもを見てみると、両親とは関係性がなく、おじいちゃんおばあちゃんと関係性があることが多いのです。

そういう子どもに限っておじいちゃん、おばあちゃんに育ててもらえることになっていることが実際よくあります。それを伝えると、みなさん「心の重荷が下りました」といって喜んでくださることが実に多いのです。

だいたいにおいて親子の関係がない場合、おじいちゃんおばあちゃんと関係が深いことが多いものです。

ある男の子三人兄弟の家があるのですが、末っ子は、夏休みや春休みになるとすぐにおばあちゃんの家に行って休みの間中、帰って来ないといいます。おばあちゃんが大好きなのです。親子の関係はどちらかというとあっさりしたものですが、とてもよい子に育っています。この子もおばあちゃんとの関係性が深いのです。
このように子どもがおばあちゃん、おじいちゃんと関係がある場合は、なるべくそちらとの交流を増やすようにすると、よい子育てができるものです。

宇宙の采配は実にうまくできている

こんなこともありました。中部地方に住む男性なのですが、奥さんが若くして、幼い子ども二人を残して病死されてしまったそうなのです。父親としては母親がいないことが心配でしょうがなく、子どもたちに対して申し訳ないという思いも強かったようです。
ところが大きくなっても子どもたちは、ほとんどお母さんの話をしないそうなので

4 神秘の「マヤ」を活用すれば親子関係が驚くほどよくなる

す。そこでマヤで見てみると子どもたちは亡くなったお母さんとは、関係性がまったくありません。

ということは、この子たちは母親がいなくてもしっかり育つようにできていたのです。そのあたりに宇宙の采配を感じずにはいられません。

親子が同じ紋章　似ているがゆえに大ゲンカに

親子が同じ紋章の場合、感覚が非常によく似ているため、とてもラクな関係だと述べましたが、逆に似ているがゆえに「大ゲンカ」になる可能性もあるのです。

この場合の似ているとは、マイナス面が似ているという意味です。当然のことですがプラス面が似ている場合は、問題になることはありません。

ある親子の例です。

紋章が青い手同士だったのですが、親子ゲンカの末、子どもが家を出て行ってしまったというのです。このお母さんは子どもが勉強をしない、頭が悪いと常にバカにし

てきました。

しかし、それはお母さん自身が、自分を卑下していたことになるのです。「お母さん自身が変わらない限り解決はできない」ということになります。同じ紋章というのは育てやすいし、基本的にはスムーズな親子関係が築きやすいのですが、ある面、相手は自分自身の鏡のような存在です。

そのため自分自身の内面がスッキリしていない場合、それがそのまま外に現れると考えてみましょう。要はすべて自らの反映なのです。

マヤで著名人の親子の関係性を解き明かす

ここでは著名人の親子関係をマヤで見ていくことにしましょう。

・**関根勤・麻里親子**

実はこの親子は関係性がありません。

4　神秘の「マヤ」を活用すれば親子関係が驚くほどよくなる

聞けばお父さんである関根勤さんは「麻里には何もいわなかった。ただ人生は楽しいということだけは教えた」とのこと。

まさに関係性のない親子の理想的な子育てだと思います。勤さんは白い犬ですから家族思いであるはずですが、大事なことだけ教え、あとは決して過分に干渉することなく、子どもの自由にさせたのでしょう。

麻里さんが「将来のために英語を学びたい」とインターナショナルスクールに転校することを望んだときも、それを尊重して転校させています。

麻里さんは親の七光りに甘えることなく、バラエティタレントとして売れっ子になっていますが、勤さんの「子どもの自由意志を尊重する」という子育てが成功した例といえるでしょう。

・石川遼親子

お父さんと遼さんが神秘の関係です。ただこの親子は、単に神秘の関係ではなく、「鏡の向こう（もう一人の自分）」という運命共同体であり、双子に匹敵するくらいテレ

パシーで通じ合えるような関係です。お父さんがコーチを務めていますが、プロゴルファーのコーチがプロゴルファーでないのは、世界でも例がないことです。お父さんがすべてアドバイスし、ケンカをすることもあるといいますが、いつも一緒にいるような関係です。親子が「鏡の向こう」という関係だからこそ、今の世界的な活躍があるのでしょう。

・イチロー親子

この親子も関係性がありません。「チチロー」などと呼ばれ、あたかも二人三脚で今日の地位を築いたかのようにいわれていますが、実際にはお父さんは息子を連日バッティングセンターに連れて行っただけで、具体的なアドバイスなどはしていないそうです。それも関係性のない親子の理想的な子育ての一例です。

イチロー選手は黄色い人ですが、あの振り子打法にしても、すべて自分のセンスと感覚で考案したもので、大リーグへの挑戦もすべて自分で人生を切り開いていきました。理論ではなく、独自の「カン」でやっているのでしょう。だからこそ逆にいえば、

4　神秘の「マヤ」を活用すれば親子関係が驚くほどよくなる

彼は自分の後継者を育てるのはむずかしいかも知れません。

・浜口京子・アニマル浜口親子

この親子は実は関係性がないのです。ということはお父さんのアニマル浜口さんは京子さんにあまり干渉しないほうがいいのです。同じレスリング選手でも関係性がない場合、タイプが違うということになります。

率直にいわせてもらえば、コーチは、父親のアニマル浜口さんが担当するのではなく、他の人に任せたほうがいいのです。もちろん京子さんと関係性のある人がいいのはいうまでもありません。そのほうが本来の京子さんの実力が発揮でき、金メダルを取れる可能性がぐっと高まるでしょう。

・原辰徳監督とお父さん

若い人にはピンと来ないかもしれませんが、原辰徳監督と父親の貢さんは高校時代から親子鷹として有名でした。父親が監督する東海大相模高校に入部し、1年生から

レギュラーとして3年連続夏の甲子園に出場しています。

この親子は実は神秘KIN同士。親子鷹として成り立つのです。親子鷹というのは関係性がないと成り立ちにくいのです。今日の原辰徳さんの地位は親子鷹の関係性に原型があるといっても過言ではないでしょう。

・**長嶋茂雄一家**

プロ野球界にその名を刻む長嶋茂雄さん。お子さんは四人いますが、長男の一茂さんは実はお父さんと関係性がないのです。残念ながらマスコミからの情報では、近年親子仲がよいという感じではありません。

次女の三奈さんと父親はウェイブ・スペル（本書では紹介していません）までみると神秘の関係です。

そのため茂雄さんと三奈さんは関係が良好で、奥様が亡くなって以来、実質的に茂雄さんの面倒を見ているのでしょう。

一方、一茂さんと次男正興さんは類似の関係です。茂雄さんの奥様が亡くなってか

4 神秘の「マヤ」を活用すれば親子関係が驚くほどよくなる

らは茂雄さんと三奈さん、一茂さんと正興さんの二組に分裂してしまっています。まさにマヤの関係性そのままのことが起こっているのです。この場合、一茂さんの寛容な姿勢と反省がなにより必要なことでしょう。マヤは原因も暗示してくれますが、必ず解決方法も示してくれるのです。

・**貴乃花とお父さん**（元大関・貴ノ花）

元横綱・貴乃花は師匠でもあった父・貴ノ花をガイドにしています。お父さんを目指して、お父さんの背中を見て育ってきたのです。ですからお兄さんの若乃花ではなく、貴乃花が部屋を継いだのは当然の成り行きといえるでしょう。

しかし、この一家は貴乃花と若乃花が同じ紋章（ウェイブ・スペルを含む）を持ち、若乃花がお父さんと類似の関係です。母親の憲子さんと貴乃花は、K36、37の連番です。

根っこでつながっている深い縁を意味しています。この一家は、それぞれが二重の関係になっています。

こうなると関係性がありすぎて、一度こじれるとグチャグチャの泥沼になってしまうのです。関係性のない家族は泥沼にはなりません。

実際、この一家は兄弟仲、親子関係ともうまくいっていない様子です。グチャグチャとなった関係は、まるで糸がからまった感じです。これは、たとえ時間がかかったとしても、一つひとつ丁寧にひも解くしかありません。

・明石家さんま、大竹しのぶとIMALU

さんまさんとIMALUさんは反対の関係です。ですからまったくタイプが違います。お父さんはお笑い、IMALUさんはモデルや歌手など、センスを生かした活動をしています。

IMALUさんが小さいうちに離婚していますが、この親子の場合は一定の距離を保っているからうまくいっているのでしょう。

一方、大竹しのぶさんとの関係はどうかというと、IMALUさんがしのぶさんのガイドの関係になっているのです。

大竹しのぶさんは、さんまさんとの離婚後も、野田秀樹さんとの交際が報じられましたが結局別れています。
その裏では心が傷ついたり落ちこんだりしたこともあったでしょう。しかし、そんなときもIMALUさんの存在に元気づけられたり癒されたりしたのではないでしょうか。

・**ボクシング亀田兄弟**

長男興毅選手も大毅選手も同じK43です。
ですからこの兄弟は双子のようなもの。弟の大毅選手にとっては、兄・興毅選手こそ目標であり、典型的な見本となります。
この二人とガイドの関係となるのが、父親・史郎さんです。
たしかに史郎さんに手を引かれ、二人の今日があります。非常にわかりやすいガイドの関係といえるでしょう。

エピローグ　日本人の心の豊かさはどこへ消えてしまったのか？

スナック菓子をほお張りながら、ゲームやテレビに興じてばかりの日本の現在の子どもたちに、果たして未来はあるでしょうか。

食べるものに不自由し、必死でお金を稼ぐ子どもたちが世界にはたくさんいる中、こんな国は日本だけではないでしょうか。

アフリカの難民キャンプにある記者が取材に行き、10日間ほど現地の人たちと一緒に暮らしたそうです。その間にキャンプの子どもたちとも仲よくなったようです。

そのキャンプでは主食はとうもろこしで、子どもたちには適度に切られたとうもろこしが1日につき五切れほど配給されるのだそうです。

子どもたちは配給されたとうもろこしを布でキレイに拭き、器に入れ、宝物のように扱います。そしておなかがすいたとき、大切そうに食べるのです。

その記者が取材を終え、帰国する日がやってきました。子どもたちに別れを告げる

エピローグ　日本人の心の豊かさはどこへ消えてしまったのか

と、ある女の子が、その大事な大事なとうもろこし二切れを持ってきて記者に差し出したというのです。

その記者はその女の子の行為に衝撃を受けたといいます。その難民キャンプでとうもろこしがどれだけ貴重なものか、彼にはよくわかっているからです。

その女の子は難民キャンプにいながらして心は実に豊かなのです。

作家・曽野綾子さんの言葉に「豊かさとは与えること」というものがあります。日本は物資ばかり豊かになったけれど、心は果たして豊かといえるのか。

本文でも繰り返し述べてきたことですが、自我を捨て、分かち合うという精神を持たない限り、日本という国家に未来はないでしょう。

ではそれは、なにによってなされるかというと「教育」です。豊かさは与えることであり、豊かな心が本当の意味で豊かな国づくりの基となるのだと、それを教育していくことが今こそ、求められているのです。

講演などでよく「富と名声は海水と同じ」といっています。海水は飲めば飲むほど

のどが渇いてもっとほしくなるものです。それと同じで富と名声は得れば得るほどもっとほしくなるのです。

そういった物質的なものに目を向けるのではなく、心のあり方、心を整えるということに目を向けるということです。

もちろん富や名声がいけないといっているわけではなく、ある程度求めてもいいのですが、それだけを追求していると人生は必ずおかしなことになります。富と名声は二の次、三の次でいいのです。本当に人を幸せにしてくれるのは心の豊かさです。お金は最終的には我を捨て、心の豊かな人のところに集まるものです。なぜならばプライドが高い人、執着心の強い人には人が嫌がって寄り付きません。人が集まるところにお金は落ちるのです。

豊かな心を持つためには、物の見方を広げるということが大事です。「自分の人生は不幸だ」と嘆く人ほど自分のものの見方、一方的な視点だけでものを判断しています。

自分の観点に固執するから道がふさがれてしまうのです。

エピローグ　日本人の心の豊かさはどこへ消えてしまったのか

世の中には自分とは違う考えや物の見方をする人がいるものです。よい悪いということではなく、「こういう考えもあるのか」と気づきを得ることで、人としての奥の深さを持つことができます。それこそが豊かさへの出発点なのです。

子どもには「愛の使者」として接する

本書では、親と子どもとの違いを認めること、子どもには子どもの見方があることを理解してあげることの重要さについて再三述べてきました。

「では子どもにはなにも言ってはいけないのですか」「間違ったことをしても怒ってはいけないのですか」と聞かれることがあります。

もちろん子どもになにもいってはいけないということではありません。子どもですから時には間違いもあるでしょうし、親として正すべきこともあるでしょう。

そのようなときに大事なことは「怒る」のではなく「叱る」ということ。怒りは自分の感情をぶつけることであり、叱るのは道理を伝えることです。

子どもの未来を見据えて、子どもが生きていくのに必要な道理＝ルールを説いて聞かせることが大事なのです。

もちろん親も人間ですから、怒りで冷静さを失ったり、子ども責めたりしてしまうこともあるでしょう。私にもももちろんあります。

しかし、そんなときは自分が愛を伝える「愛の使者」だったらどうするか、考えてみましょう。

マヤを勉強すると、驚くほど視野が広がり、また物事の本質、社会の本質がよく見えてきます。

そして自分の本質、子どもの本質もクリアに見えてきます。親子関係に問題があるとしたらなぜその問題が起こっているのか、手に取るようにわかります。

これからもマヤを子育てのための〝羅針盤〟として、いつも参照していただきたいと思います。

本書はあくまでもマヤの入り口の部分にすぎません。

マヤは本来、２６０通りのKINナンバーがあり、それぞれの番号ごとに見ていく

エピローグ　日本人の心の豊かさはどこへ消えてしまったのか

ことによってさらに精度の高い分析が可能です。

私が代表を務める「一般社団法人シンクロニシティ研究会」では全国で勉強会・講演会を開催しています。興味のある方、もっとマヤを深く学びたい方はどうぞそちらにお越しください。

みなさまがマヤを学ぶことで喜びと感動にあふれた日々を送れるに違いありません。

まだ文面ですが、この出会いに心から感謝申し上げます。

本当にありがとうございました。

お会いできる日を楽しみにしております。

人間学研究家　越川宗亮

（本書に関するお問い合わせは一般社団法人シンクロニシティ研究会　連絡先℡047・495・5315　HP http://www.maya260.com）

西暦とマヤ暦の対照表

1962・1910年

	1月	2月	3月	4月	5月	6月	7月	8月	9月	10月	11月	12月
1	63	94	122	153	183	214	244	15	46	76	107	137
2	64	95	123	154	184	215	245	16	47	77	108	138
3	65	96	124	155	185	216	246	17	48	78	109	139
4	66	97	125	156	186	217	247	18	49	79	110	140
5	67	98	126	157	187	218	248	19	50	80	111	141
6	68	99	127	158	188	219	249	20	51	81	112	142
7	69	100	128	159	189	220	250	21	52	82	113	143
8	70	101	129	160	190	221	251	22	53	83	114	144
9	71	102	130	161	191	222	252	23	54	84	115	145
10	72	103	131	162	192	223	253	24	55	85	116	146
11	73	104	132	163	193	224	254	25	56	86	117	147
12	74	105	133	164	194	225	255	26	57	87	118	148
13	75	106	134	165	195	226	256	27	58	88	119	149
14	76	107	135	166	196	227	257	28	59	89	120	150
15	77	108	136	167	197	228	258	29	60	90	121	151
16	78	109	137	168	198	229	259	30	61	91	122	152
17	79	110	138	169	199	230	260	31	62	92	123	153
18	80	111	139	170	200	231	1	32	63	93	124	154
19	81	112	140	171	201	232	2	33	64	94	125	155
20	82	113	141	172	202	233	3	34	65	95	126	156
21	83	114	142	173	203	234	4	35	66	96	127	157
22	84	115	143	174	204	235	5	36	67	97	128	158
23	85	116	144	175	205	236	6	37	68	98	129	159
24	86	117	145	176	206	237	7	38	69	99	130	160
25	87	118	146	177	207	238	8	39	70	100	131	161
26	88	119	147	178	208	239	9	40	71	101	132	162
27	89	120	148	179	209	240	10	41	72	102	133	163
28	90	121	149	180	210	241	11	42	73	103	134	164
29	91		150	181	211	242	12	43	74	104	135	165
30	92		151	182	212	243	13	44	75	105	136	166
31	93		152		213		14	45		106		167

1963・1911年

	1月	2月	3月	4月	5月	6月	7月	8月	9月	10月	11月	12月
1	168	199	227	258	28	59	89	120	151	181	212	242
2	169	200	228	259	29	60	90	121	152	182	213	243
3	170	201	229	260	30	61	91	122	153	183	214	244
4	171	202	230	1	31	62	92	123	154	184	215	245
5	172	203	231	2	32	63	93	124	155	185	216	246
6	173	204	232	3	33	64	94	125	156	186	217	247
7	174	205	233	4	34	65	95	126	157	187	218	248
8	175	206	234	5	35	66	96	127	158	188	219	249
9	176	207	235	6	36	67	97	128	159	189	220	250
10	177	208	236	7	37	68	98	129	160	190	221	251
11	178	209	237	8	38	69	99	130	161	191	222	252
12	179	210	238	9	39	70	100	131	162	192	223	253
13	180	211	239	10	40	71	101	132	163	193	224	254
14	181	212	240	11	41	72	102	133	164	194	225	255
15	182	213	241	12	42	73	103	134	165	195	226	256
16	183	214	242	13	43	74	104	135	166	196	227	257
17	184	215	243	14	44	75	105	136	167	197	228	258
18	185	216	244	15	45	76	106	137	168	198	229	259
19	186	217	245	16	46	77	107	138	169	199	230	260
20	187	218	246	17	47	78	108	139	170	200	231	1
21	188	219	247	18	48	79	109	140	171	201	232	2
22	189	220	248	19	49	80	110	141	172	202	233	3
23	190	221	249	20	50	81	111	142	173	203	234	4
24	191	222	250	21	51	82	112	143	174	204	235	5
25	192	223	251	22	52	83	113	144	175	205	236	6
26	193	224	252	23	53	84	114	145	176	206	237	7
27	194	225	253	24	54	85	115	146	177	207	238	8
28	195	226	254	25	55	86	116	147	178	208	239	9
29	196		255	26	56	87	117	148	179	209	240	10
30	197		256	27	57	88	118	149	180	210	241	11
31	198		257		58		119	150		211		12

西暦とマヤ暦の対照表

1964・1912年

	1月	2月	3月	4月	5月	6月	7月	8月	9月	10月	11月	12月
1	13	44	73	103	133	164	194	225	256	26	57	87
2	14	45	74	104	134	165	195	226	257	27	58	88
3	15	46	75	105	135	166	196	227	258	28	59	89
4	16	47	76	106	136	167	197	228	259	29	60	90
5	17	48	77	107	137	168	198	229	260	30	61	91
6	18	49	78	108	138	169	199	230	1	31	62	92
7	19	50	79	109	139	170	200	231	2	32	63	93
8	20	51	80	110	140	171	201	232	3	33	64	94
9	21	52	81	111	141	172	202	233	4	34	65	95
10	22	53	82	112	142	173	203	234	5	35	66	96
11	23	54	83	113	143	174	204	235	6	36	67	97
12	24	55	84	114	144	175	205	236	7	37	68	98
13	25	56	85	115	145	176	206	237	8	38	69	99
14	26	57	86	116	146	177	207	238	9	39	70	100
15	27	58	87	117	147	178	208	239	10	40	71	101
16	28	59	88	118	148	179	209	240	11	41	72	102
17	29	60	89	119	149	180	210	241	12	42	73	103
18	30	61	90	120	150	181	211	242	13	43	74	104
19	31	62	91	121	151	182	212	243	14	44	75	105
20	32	63	92	122	152	183	213	244	15	45	76	106
21	33	64	93	123	153	184	214	245	16	46	77	107
22	34	65	94	124	154	185	215	246	17	47	78	108
23	35	66	95	125	155	186	216	247	18	48	79	109
24	36	67	96	126	156	187	217	248	19	49	80	110
25	37	68	97	127	157	188	218	249	20	50	81	111
26	38	69	98	128	158	189	219	250	21	51	82	112
27	39	70	99	129	159	190	220	251	22	52	83	113
28	40	71	100	130	160	191	221	252	23	53	84	114
29	41	72	101	131	161	192	222	253	24	54	85	115
30	42		102	132	162	193	223	254	25	55	86	116
31	43		103		163		224	255		56		117

1965・1913年

	1月	2月	3月	4月	5月	6月	7月	8月	9月	10月	11月	12月
1	118	149	177	208	238	9	39	70	101	131	162	192
2	119	150	178	209	239	10	40	71	102	132	163	193
3	120	151	179	210	240	11	41	72	103	133	164	194
4	121	152	180	211	241	12	42	73	104	134	165	195
5	122	153	181	212	242	13	43	74	105	135	166	196
6	123	154	182	213	243	14	44	75	106	136	167	197
7	124	155	183	214	244	15	45	76	107	137	168	198
8	125	156	184	215	245	16	46	77	108	138	169	199
9	126	157	185	216	246	17	47	78	109	139	170	200
10	127	158	186	217	247	18	48	79	110	140	171	201
11	128	159	187	218	248	19	49	80	111	141	172	202
12	129	160	188	219	249	20	50	81	112	142	173	203
13	130	161	189	220	250	21	51	82	113	143	174	204
14	131	162	190	221	251	22	52	83	114	144	175	205
15	132	163	191	222	252	23	53	84	115	145	176	206
16	133	164	192	223	253	24	54	85	116	146	177	207
17	134	165	193	224	254	25	55	86	117	147	178	208
18	135	166	194	225	255	26	56	87	118	148	179	209
19	136	167	195	226	256	27	57	88	119	149	180	210
20	137	168	196	227	257	28	58	89	120	150	181	211
21	138	169	197	228	258	29	59	90	121	151	182	212
22	139	170	198	229	259	30	60	91	122	152	183	213
23	140	171	199	230	260	31	61	92	123	153	184	214
24	141	172	200	231	1	32	62	93	124	154	185	215
25	142	173	201	232	2	33	63	94	125	155	186	216
26	143	174	202	233	3	34	64	95	126	156	187	217
27	144	175	203	234	4	35	65	96	127	157	188	218
28	145	176	204	235	5	36	66	97	128	158	189	219
29	146		205	236	6	37	67	98	129	159	190	220
30	147		206	237	7	38	68	99	130	160	191	221
31	148		207		8		69	100		161		222

1966・1914年

	1月	2月	3月	4月	5月	6月	7月	8月	9月	10月	11月	12月
1	223	254	22	53	83	114	144	175	206	236	7	37
2	224	255	23	54	84	115	145	176	207	237	8	38
3	225	256	24	55	85	116	146	177	208	238	9	39
4	226	257	25	56	86	117	147	178	209	239	10	40
5	227	258	26	57	87	118	148	179	210	240	11	41
6	228	259	27	58	88	119	149	180	211	241	12	42
7	229	260	28	59	89	120	150	181	212	242	13	43
8	230	1	29	60	90	121	151	182	213	243	14	44
9	231	2	30	61	91	122	152	183	214	244	15	45
10	232	3	31	62	92	123	153	184	215	245	16	46
11	233	4	32	63	93	124	154	185	216	246	17	47
12	234	5	33	64	94	125	155	186	217	247	18	48
13	235	6	34	65	95	126	156	187	218	248	19	49
14	236	7	35	66	96	127	157	188	219	249	20	50
15	237	8	36	67	97	128	158	189	220	250	21	51
16	238	9	37	68	98	129	159	190	221	251	22	52
17	239	10	38	69	99	130	160	191	222	252	23	53
18	240	11	39	70	100	131	161	192	223	253	24	54
19	241	12	40	71	101	132	162	193	224	254	25	55
20	242	13	41	72	102	133	163	194	225	255	26	56
21	243	14	42	73	103	134	164	195	226	256	27	57
22	244	15	43	74	104	135	165	196	227	257	28	58
23	245	16	44	75	105	136	166	197	228	258	29	59
24	246	17	45	76	106	137	167	198	229	259	30	60
25	247	18	46	77	107	138	168	199	230	260	31	61
26	248	19	47	78	108	139	169	200	231	1	32	62
27	249	20	48	79	109	140	170	201	232	2	33	63
28	250	21	49	80	110	141	171	202	233	3	34	64
29	251		50	81	111	142	172	203	234	4	35	65
30	252		51	82	112	143	173	204	235	5	36	66
31	253		52		113		174	205		6		67

1967・1915年

	1月	2月	3月	4月	5月	6月	7月	8月	9月	10月	11月	12月
1	68	99	127	158	188	219	249	20	51	81	112	142
2	69	100	128	159	189	220	250	21	52	82	113	143
3	70	101	129	160	190	221	251	22	53	83	114	144
4	71	102	130	161	191	222	252	23	54	84	115	145
5	72	103	131	162	192	223	253	24	55	85	116	146
6	73	104	132	163	193	224	254	25	56	86	117	147
7	74	105	133	164	194	225	255	26	57	87	118	148
8	75	106	134	165	195	226	256	27	58	88	119	149
9	76	107	135	166	196	227	257	28	59	89	120	150
10	77	108	136	167	197	228	258	29	60	90	121	151
11	78	109	137	168	198	229	259	30	61	91	122	152
12	79	110	138	169	199	230	260	31	62	92	123	153
13	80	111	139	170	200	231	1	32	63	93	124	154
14	81	112	140	171	201	232	2	33	64	94	125	155
15	82	113	141	172	202	233	3	34	65	95	126	156
16	83	114	142	173	203	234	4	35	66	96	127	157
17	84	115	143	174	204	235	5	36	67	97	128	158
18	85	116	144	175	205	236	6	37	68	98	129	159
19	86	117	145	176	206	237	7	38	69	99	130	160
20	87	118	146	177	207	238	8	39	70	100	131	161
21	88	119	147	178	208	239	9	40	71	101	132	162
22	89	120	148	179	209	240	10	41	72	102	133	163
23	90	121	149	180	210	241	11	42	73	103	134	164
24	91	122	150	181	211	242	12	43	74	104	135	165
25	92	123	151	182	212	243	13	44	75	105	136	166
26	93	124	152	183	213	244	14	45	76	106	137	167
27	94	125	153	184	214	245	15	46	77	107	138	168
28	95	126	154	185	215	246	16	47	78	108	139	169
29	96		155	186	216	247	17	48	79	109	140	170
30	97		156	187	217	248	18	49	80	110	141	171
31	98		157		218		19	50		111		172

西暦とマヤ暦の対照表

1968・1916年

	1月	2月	3月	4月	5月	6月	7月	8月	9月	10月	11月	12月
1	173	204	233	3	33	64	94	125	156	186	217	247
2	174	205	234	4	34	65	95	126	157	187	218	248
3	175	206	235	5	35	66	96	127	158	188	219	249
4	176	207	236	6	36	67	97	128	159	189	220	250
5	177	208	237	7	37	68	98	129	160	190	221	251
6	178	209	238	8	38	69	99	130	161	191	222	252
7	179	210	239	9	39	70	100	131	162	192	223	253
8	180	211	240	10	40	71	101	132	163	193	224	254
9	181	212	241	11	41	72	102	133	164	194	225	255
10	182	213	242	12	42	73	103	134	165	195	226	256
11	183	214	243	13	43	74	104	135	166	196	227	257
12	184	215	244	14	44	75	105	136	167	197	228	258
13	185	216	245	15	45	76	106	137	168	198	229	259
14	186	217	246	16	46	77	107	138	169	199	230	260
15	187	218	247	17	47	78	108	139	170	200	231	1
16	188	219	248	18	48	79	109	140	171	201	232	2
17	189	220	249	19	49	80	110	141	172	202	233	3
18	190	221	250	20	50	81	111	142	173	203	234	4
19	191	222	251	21	51	82	112	143	174	204	235	5
20	192	223	252	22	52	83	113	144	175	205	236	6
21	193	224	253	23	53	84	114	145	176	206	237	7
22	194	225	254	24	54	85	115	146	177	207	238	8
23	195	226	255	25	55	86	116	147	178	208	239	9
24	196	227	256	26	56	87	117	148	179	209	240	10
25	197	228	257	27	57	88	118	149	180	210	241	11
26	198	229	258	28	58	89	119	150	181	211	242	12
27	199	230	259	29	59	90	120	151	182	212	243	13
28	200	231	260	30	60	91	121	152	183	213	244	14
29	201	232	1	31	61	92	122	153	184	214	245	15
30	202		2	32	62	93	123	154	185	215	246	16
31	203		3		63		124	155		216		17

1969・1917年

	1月	2月	3月	4月	5月	6月	7月	8月	9月	10月	11月	12月
1	18	49	77	108	138	169	199	230	1	31	62	92
2	19	50	78	109	139	170	200	231	2	32	63	93
3	20	51	79	110	140	171	201	232	3	33	64	94
4	21	52	80	111	141	172	202	233	4	34	65	95
5	22	53	81	112	142	173	203	234	5	35	66	96
6	23	54	82	113	143	174	204	235	6	36	67	97
7	24	55	83	114	144	175	205	236	7	37	68	98
8	25	56	84	115	145	176	206	237	8	38	69	99
9	26	57	85	116	146	177	207	238	9	39	70	100
10	27	58	86	117	147	178	208	239	10	40	71	101
11	28	59	87	118	148	179	209	240	11	41	72	102
12	29	60	88	119	149	180	210	241	12	42	73	103
13	30	61	89	120	150	181	211	242	13	43	74	104
14	31	62	90	121	151	182	212	243	14	44	75	105
15	32	63	91	122	152	183	213	244	15	45	76	106
16	33	64	92	123	153	184	214	245	16	46	77	107
17	34	65	93	124	154	185	215	246	17	47	78	108
18	35	66	94	125	155	186	216	247	18	48	79	109
19	36	67	95	126	156	187	217	248	19	49	80	110
20	37	68	96	127	157	188	218	249	20	50	81	111
21	38	69	97	128	158	189	219	250	21	51	82	112
22	39	70	98	129	159	190	220	251	22	52	83	113
23	40	71	99	130	160	191	221	252	23	53	84	114
24	41	72	100	131	161	192	222	253	24	54	85	115
25	42	73	101	132	162	193	223	254	25	55	86	116
26	43	74	102	133	163	194	224	255	26	56	87	117
27	44	75	103	134	164	195	225	256	27	57	88	118
28	45	76	104	135	165	196	226	257	28	58	89	119
29	46		105	136	166	197	227	258	29	59	90	120
30	47		106	137	167	198	228	259	30	60	91	121
31	48		107		168		229	260		61		122

1970・1918年

	1月	2月	3月	4月	5月	6月	7月	8月	9月	10月	11月	12月
1	123	154	182	213	243	14	44	75	106	136	167	197
2	124	155	183	214	244	15	45	76	107	137	168	198
3	125	156	184	215	245	16	46	77	108	138	169	199
4	126	157	185	216	246	17	47	78	109	139	170	200
5	127	158	186	217	247	18	48	79	110	140	171	201
6	128	159	187	218	248	19	49	80	111	141	172	202
7	129	160	188	219	249	20	50	81	112	142	173	203
8	130	161	189	220	250	21	51	82	113	143	174	204
9	131	162	190	221	251	22	52	83	114	144	175	205
10	132	163	191	222	252	23	53	84	115	145	176	206
11	133	164	192	223	253	24	54	85	116	146	177	207
12	134	165	193	224	254	25	55	86	117	147	178	208
13	135	166	194	225	255	26	56	87	118	148	179	209
14	136	167	195	226	256	27	57	88	119	149	180	210
15	137	168	196	227	257	28	58	89	120	150	181	211
16	138	169	197	228	258	29	59	90	121	151	182	212
17	139	170	198	229	259	30	60	91	122	152	183	213
18	140	171	199	230	260	31	61	92	123	153	184	214
19	141	172	200	231	1	32	62	93	124	154	185	215
20	142	173	201	232	2	33	63	94	125	155	186	216
21	143	174	202	233	3	34	64	95	126	156	187	217
22	144	175	203	234	4	35	65	96	127	157	188	218
23	145	176	204	235	5	36	66	97	128	158	189	219
24	146	177	205	236	6	37	67	98	129	159	190	220
25	147	178	206	237	7	38	68	99	130	160	191	221
26	148	179	207	238	8	39	69	100	131	161	192	222
27	149	180	208	239	9	40	70	101	132	162	193	223
28	150	181	209	240	10	41	71	102	133	163	194	224
29	151		210	241	11	42	72	103	134	164	195	225
30	152		211	242	12	43	73	104	135	165	196	226
31	153		212		13		74	105		166		227

1971・1919年

	1月	2月	3月	4月	5月	6月	7月	8月	9月	10月	11月	12月
1	228	259	27	58	88	119	149	180	211	241	12	42
2	229	260	28	59	89	120	150	181	212	242	13	43
3	230	1	29	60	90	121	151	182	213	243	14	44
4	231	2	30	61	91	122	152	183	214	244	15	45
5	232	3	31	62	92	123	153	184	215	245	16	46
6	233	4	32	63	93	124	154	185	216	246	17	47
7	234	5	33	64	94	125	155	186	217	247	18	48
8	235	6	34	65	95	126	156	187	218	248	19	49
9	236	7	35	66	96	127	157	188	219	249	20	50
10	237	8	36	67	97	128	158	189	220	250	21	51
11	238	9	37	68	98	129	159	190	221	251	22	52
12	239	10	38	69	99	130	160	191	222	252	23	53
13	240	11	39	70	100	131	161	192	223	253	24	54
14	241	12	40	71	101	132	162	193	224	254	25	55
15	242	13	41	72	102	133	163	194	225	255	26	56
16	243	14	42	73	103	134	164	195	226	256	27	57
17	244	15	43	74	104	135	165	196	227	257	28	58
18	245	16	44	75	105	136	166	197	228	258	29	59
19	246	17	45	76	106	137	167	198	229	259	30	60
20	247	18	46	77	107	138	168	199	230	260	31	61
21	248	19	47	78	108	139	169	200	231	1	32	62
22	249	20	48	79	109	140	170	201	232	2	33	63
23	250	21	49	80	110	141	171	202	233	3	34	64
24	251	22	50	81	111	142	172	203	234	4	35	65
25	252	23	51	82	112	143	173	204	235	5	36	66
26	253	24	52	83	113	144	174	205	236	6	37	67
27	254	25	53	84	114	145	175	206	237	7	38	68
28	255	26	54	85	115	146	176	207	238	8	39	69
29	256		55	86	116	147	177	208	239	9	40	70
30	257		56	87	117	148	178	209	240	10	41	71
31	258		57		118		179	210		11		72

西暦とマヤ暦の対照表

1972・1920年

	1月	2月	3月	4月	5月	6月	7月	8月	9月	10月	11月	12月
1	73	104	133	163	193	224	254	25	56	86	117	147
2	74	105	134	164	194	225	255	26	57	87	118	148
3	75	106	135	165	195	226	256	27	58	88	119	149
4	76	107	136	166	196	227	257	28	59	89	120	150
5	77	108	137	167	197	228	258	29	60	90	121	151
6	78	109	138	168	198	229	259	30	61	91	122	152
7	79	110	139	169	199	230	260	31	62	92	123	153
8	80	111	140	170	200	231	1	32	63	93	124	154
9	81	112	141	171	201	232	2	33	64	94	125	155
10	82	113	142	172	202	233	3	34	65	95	126	156
11	83	114	143	173	203	234	4	35	66	96	127	157
12	84	115	144	174	204	235	5	36	67	97	128	158
13	85	116	145	175	205	236	6	37	68	98	129	159
14	86	117	146	176	206	237	7	38	69	99	130	160
15	87	118	147	177	207	238	8	39	70	100	131	161
16	88	119	148	178	208	239	9	40	71	101	132	162
17	89	120	149	179	209	240	10	41	72	102	133	163
18	90	121	150	180	210	241	11	42	73	103	134	164
19	91	122	151	181	211	242	12	43	74	104	135	165
20	92	123	152	182	212	243	13	44	75	105	136	166
21	93	124	153	183	213	244	14	45	76	106	137	167
22	94	125	154	184	214	245	15	46	77	107	138	168
23	95	126	155	185	215	246	16	47	78	108	139	169
24	96	127	156	186	216	247	17	48	79	109	140	170
25	97	128	157	187	217	248	18	49	80	110	141	171
26	98	129	158	188	218	249	19	50	81	111	142	172
27	99	130	159	189	219	250	20	51	82	112	143	173
28	100	131	160	190	220	251	21	52	83	113	144	174
29	101	132	161	191	221	252	22	53	84	114	145	175
30	102		162	192	222	253	23	54	85	115	146	176
31	103		163		223		24	55		116		177

1973・1921年

	1月	2月	3月	4月	5月	6月	7月	8月	9月	10月	11月	12月
1	178	209	237	8	38	69	99	130	161	191	222	252
2	179	210	238	9	39	70	100	131	162	192	223	253
3	180	211	239	10	40	71	101	132	163	193	224	254
4	181	212	240	11	41	72	102	133	164	194	225	255
5	182	213	241	12	42	73	103	134	165	195	226	256
6	183	214	242	13	43	74	104	135	166	196	227	257
7	184	215	243	14	44	75	105	136	167	197	228	258
8	185	216	244	15	45	76	106	137	168	198	229	259
9	186	217	245	16	46	77	107	138	169	199	230	260
10	187	218	246	17	47	78	108	139	170	200	231	1
11	188	219	247	18	48	79	109	140	171	201	232	2
12	189	220	248	19	49	80	110	141	172	202	233	3
13	190	221	249	20	50	81	111	142	173	203	234	4
14	191	222	250	21	51	82	112	143	174	204	235	5
15	192	223	251	22	52	83	113	144	175	205	236	6
16	193	224	252	23	53	84	114	145	176	206	237	7
17	194	225	253	24	54	85	115	146	177	207	238	8
18	195	226	254	25	55	86	116	147	178	208	239	9
19	196	227	255	26	56	87	117	148	179	209	240	10
20	197	228	256	27	57	88	118	149	180	210	241	11
21	198	229	257	28	58	89	119	150	181	211	242	12
22	199	230	258	29	59	90	120	151	182	212	243	13
23	200	231	259	30	60	91	121	152	183	213	244	14
24	201	232	260	31	61	92	122	153	184	214	245	15
25	202	233	1	32	62	93	123	154	185	215	246	16
26	203	234	2	33	63	94	124	155	186	216	247	17
27	204	235	3	34	64	95	125	156	187	217	248	18
28	205	236	4	35	65	96	126	157	188	218	249	19
29	206		5	36	66	97	127	158	189	219	250	20
30	207		6	37	67	98	128	159	190	220	251	21
31	208		7		68		129	160		221		22

1974・1922年

	1月	2月	3月	4月	5月	6月	7月	8月	9月	10月	11月	12月
1	23	54	82	113	143	174	204	235	6	36	67	97
2	24	55	83	114	144	175	205	236	7	37	68	98
3	25	56	84	115	145	176	206	237	8	38	69	99
4	26	57	85	116	146	177	207	238	9	39	70	100
5	27	58	86	117	147	178	208	239	10	40	71	101
6	28	59	87	118	148	179	209	240	11	41	72	102
7	29	60	88	119	149	180	210	241	12	42	73	103
8	30	61	89	120	150	181	211	242	13	43	74	104
9	31	62	90	121	151	182	212	243	14	44	75	105
10	32	63	91	122	152	183	213	244	15	45	76	106
11	33	64	92	123	153	184	214	245	16	46	77	107
12	34	65	93	124	154	185	215	246	17	47	78	108
13	35	66	94	125	155	186	216	247	18	48	79	109
14	36	67	95	126	156	187	217	248	19	49	80	110
15	37	68	96	127	157	188	218	249	20	50	81	111
16	38	69	97	128	158	189	219	250	21	51	82	112
17	39	70	98	129	159	190	220	251	22	52	83	113
18	40	71	99	130	160	191	221	252	23	53	84	114
19	41	72	100	131	161	192	222	253	24	54	85	115
20	42	73	101	132	162	193	223	254	25	55	86	116
21	43	74	102	133	163	194	224	255	26	56	87	117
22	44	75	103	134	164	195	225	256	27	57	88	118
23	45	76	104	135	165	196	226	257	28	58	89	119
24	46	77	105	136	166	197	227	258	29	59	90	120
25	47	78	106	137	167	198	228	259	30	60	91	121
26	48	79	107	138	168	199	229	260	31	61	92	122
27	49	80	108	139	169	200	230	1	32	62	93	123
28	50	81	109	140	170	201	231	2	33	63	94	124
29	51		110	141	171	202	232	3	34	64	95	125
30	52		111	142	172	203	233	4	35	65	96	126
31	53		112		173		234	5		66		127

1975・1923年

	1月	2月	3月	4月	5月	6月	7月	8月	9月	10月	11月	12月
1	128	159	187	218	248	19	49	80	111	141	172	202
2	129	160	188	219	249	20	50	81	112	142	173	203
3	130	161	189	220	250	21	51	82	113	143	174	204
4	131	162	190	221	251	22	52	83	114	144	175	205
5	132	163	191	222	252	23	53	84	115	145	176	206
6	133	164	192	223	253	24	54	85	116	146	177	207
7	134	165	193	224	254	25	55	86	117	147	178	208
8	135	166	194	225	255	26	56	87	118	148	179	209
9	136	167	195	226	256	27	57	88	119	149	180	210
10	137	168	196	227	257	28	58	89	120	150	181	211
11	138	169	197	228	258	29	59	90	121	151	182	212
12	139	170	198	229	259	30	60	91	122	152	183	213
13	140	171	199	230	260	31	61	92	123	153	184	214
14	141	172	200	231	1	32	62	93	124	154	185	215
15	142	173	201	232	2	33	63	94	125	155	186	216
16	143	174	202	233	3	34	64	95	126	156	187	217
17	144	175	203	234	4	35	65	96	127	157	188	218
18	145	176	204	235	5	36	66	97	128	158	189	219
19	146	177	205	236	6	37	67	98	129	159	190	220
20	147	178	206	237	7	38	68	99	130	160	191	221
21	148	179	207	238	8	39	69	100	131	161	192	222
22	149	180	208	239	9	40	70	101	132	162	193	223
23	150	181	209	240	10	41	71	102	133	163	194	224
24	151	182	210	241	11	42	72	103	134	164	195	225
25	152	183	211	242	12	43	73	104	135	165	196	226
26	153	184	212	243	13	44	74	105	136	166	197	227
27	154	185	213	244	14	45	75	106	137	167	198	228
28	155	186	214	245	15	46	76	107	138	168	199	229
29	156		215	246	16	47	77	108	139	169	200	230
30	157		216	247	17	48	78	109	140	170	201	231
31	158		217		18		79	110		171		232

西暦とマヤ暦の対照表

1976・1924年

	1月	2月	3月	4月	5月	6月	7月	8月	9月	10月	11月	12月
1	233	4	33	63	93	124	154	185	216	246	17	47
2	234	5	34	64	94	125	155	186	217	247	18	48
3	235	6	35	65	95	126	156	187	218	248	19	49
4	236	7	36	66	96	127	157	188	219	249	20	50
5	237	8	37	67	97	128	158	189	220	250	21	51
6	238	9	38	68	98	129	159	190	221	251	22	52
7	239	10	39	69	99	130	160	191	222	252	23	53
8	240	11	40	70	100	131	161	192	223	253	24	54
9	241	12	41	71	101	132	162	193	224	254	25	55
10	242	13	42	72	102	133	163	194	225	255	26	56
11	243	14	43	73	103	134	164	195	226	256	27	57
12	244	15	44	74	104	135	165	196	227	257	28	58
13	245	16	45	75	105	136	166	197	228	258	29	59
14	246	17	46	76	106	137	167	198	229	259	30	60
15	247	18	47	77	107	138	168	199	230	260	31	61
16	248	19	48	78	108	139	169	200	231	1	32	62
17	249	20	49	79	109	140	170	201	232	2	33	63
18	250	21	50	80	110	141	171	202	233	3	34	64
19	251	22	51	81	111	142	172	203	234	4	35	65
20	252	23	52	82	112	143	173	204	235	5	36	66
21	253	24	53	83	113	144	174	205	236	6	37	67
22	254	25	54	84	114	145	175	206	237	7	38	68
23	255	26	55	85	115	146	176	207	238	8	39	69
24	256	27	56	86	116	147	177	208	239	9	40	70
25	257	28	57	87	117	148	178	209	240	10	41	71
26	258	29	58	88	118	149	179	210	241	11	42	72
27	259	30	59	89	119	150	180	211	242	12	43	73
28	260	31	60	90	120	151	181	212	243	13	44	74
29	1	32	61	91	121	152	182	213	244	14	45	75
30	2		62	92	122	153	183	214	245	15	46	76
31	3		63		123		184	215		16		77

1977・1925年

	1月	2月	3月	4月	5月	6月	7月	8月	9月	10月	11月	12月
1	78	109	137	168	198	229	259	30	61	91	122	152
2	79	110	138	169	199	230	260	31	62	92	123	153
3	80	111	139	170	200	231	1	32	63	93	124	154
4	81	112	140	171	201	232	2	33	64	94	125	155
5	82	113	141	172	202	233	3	34	65	95	126	156
6	83	114	142	173	203	234	4	35	66	96	127	157
7	84	115	143	174	204	235	5	36	67	97	128	158
8	85	116	144	175	205	236	6	37	68	98	129	159
9	86	117	145	176	206	237	7	38	69	99	130	160
10	87	118	146	177	207	238	8	39	70	100	131	161
11	88	119	147	178	208	239	9	40	71	101	132	162
12	89	120	148	179	209	240	10	41	72	102	133	163
13	90	121	149	180	210	241	11	42	73	103	134	164
14	91	122	150	181	211	242	12	43	74	104	135	165
15	92	123	151	182	212	243	13	44	75	105	136	166
16	93	124	152	183	213	244	14	45	76	106	137	167
17	94	125	153	184	214	245	15	46	77	107	138	168
18	95	126	154	185	215	246	16	47	78	108	139	169
19	96	127	155	186	216	247	17	48	79	109	140	170
20	97	128	156	187	217	248	18	49	80	110	141	171
21	98	129	157	188	218	249	19	50	81	111	142	172
22	99	130	158	189	219	250	20	51	82	112	143	173
23	100	131	159	190	220	251	21	52	83	113	144	174
24	101	132	160	191	221	252	22	53	84	114	145	175
25	102	133	161	192	222	253	23	54	85	115	146	176
26	103	134	162	193	223	254	24	55	86	116	147	177
27	104	135	163	194	224	255	25	56	87	117	148	178
28	105	136	164	195	225	256	26	57	88	118	149	179
29	106		165	196	226	257	27	58	89	119	150	180
30	107		166	197	227	258	28	59	90	120	151	181
31	108		167		228		29	60		121		182

1978・1926年

	1月	2月	3月	4月	5月	6月	7月	8月	9月	10月	11月	12月
1	183	214	242	13	43	74	104	135	166	196	227	257
2	184	215	243	14	44	75	105	136	167	197	228	258
3	185	216	244	15	45	76	106	137	168	198	229	259
4	186	217	245	16	46	77	107	138	169	199	230	260
5	187	218	246	17	47	78	108	139	170	200	231	1
6	188	219	247	18	48	79	109	140	171	201	232	2
7	189	220	248	19	49	80	110	141	172	202	233	3
8	190	221	249	20	50	81	111	142	173	203	234	4
9	191	222	250	21	51	82	112	143	174	204	235	5
10	192	223	251	22	52	83	113	144	175	205	236	6
11	193	224	252	23	53	84	114	145	176	206	237	7
12	194	225	253	24	54	85	115	146	177	207	238	8
13	195	226	254	25	55	86	116	147	178	208	239	9
14	196	227	255	26	56	87	117	148	179	209	240	10
15	197	228	256	27	57	88	118	149	180	210	241	11
16	198	229	257	28	58	89	119	150	181	211	242	12
17	199	230	258	29	59	90	120	151	182	212	243	13
18	200	231	259	30	60	91	121	152	183	213	244	14
19	201	232	260	31	61	92	122	153	184	214	245	15
20	202	233	1	32	62	93	123	154	185	215	246	16
21	203	234	2	33	63	94	124	155	186	216	247	17
22	204	235	3	34	64	95	125	156	187	217	248	18
23	205	236	4	35	65	96	126	157	188	218	249	19
24	206	237	5	36	66	97	127	158	189	219	250	20
25	207	238	6	37	67	98	128	159	190	220	251	21
26	208	239	7	38	68	99	129	160	191	221	252	22
27	209	240	8	39	69	100	130	161	192	222	253	23
28	210	241	9	40	70	101	131	162	193	223	254	24
29	211		10	41	71	102	132	163	194	224	255	25
30	212		11	42	72	103	133	164	195	225	256	26
31	213		12		73		134	165		226		27

1979・1927年

	1月	2月	3月	4月	5月	6月	7月	8月	9月	10月	11月	12月
1	28	59	87	118	148	179	209	240	11	41	72	102
2	29	60	88	119	149	180	210	241	12	42	73	103
3	30	61	89	120	150	181	211	242	13	43	74	104
4	31	62	90	121	151	182	212	243	14	44	75	105
5	32	63	91	122	152	183	213	244	15	45	76	106
6	33	64	92	123	153	184	214	245	16	46	77	107
7	34	65	93	124	154	185	215	246	17	47	78	108
8	35	66	94	125	155	186	216	247	18	48	79	109
9	36	67	95	126	156	187	217	248	19	49	80	110
10	37	68	96	127	157	188	218	249	20	50	81	111
11	38	69	97	128	158	189	219	250	21	51	82	112
12	39	70	98	129	159	190	220	251	22	52	83	113
13	40	71	99	130	160	191	221	252	23	53	84	114
14	41	72	100	131	161	192	222	253	24	54	85	115
15	42	73	101	132	162	193	223	254	25	55	86	116
16	43	74	102	133	163	194	224	255	26	56	87	117
17	44	75	103	134	164	195	225	256	27	57	88	118
18	45	76	104	135	165	196	226	257	28	58	89	119
19	46	77	105	136	166	197	227	258	29	59	90	120
20	47	78	106	137	167	198	228	259	30	60	91	121
21	48	79	107	138	168	199	229	260	31	61	92	122
22	49	80	108	139	169	200	230	1	32	62	93	123
23	50	81	109	140	170	201	231	2	33	63	94	124
24	51	82	110	141	171	202	232	3	34	64	95	125
25	52	83	111	142	172	203	233	4	35	65	96	126
26	53	84	112	143	173	204	234	5	36	66	97	127
27	54	85	113	144	174	205	235	6	37	67	98	128
28	55	86	114	145	175	206	236	7	38	68	99	129
29	56		115	146	176	207	237	8	39	69	100	130
30	57		116	147	177	208	238	9	40	70	101	131
31	58		117		178		239	10		71		132

西暦とマヤ暦の対照表

1980・1928年

	1月	2月	3月	4月	5月	6月	7月	8月	9月	10月	11月	12月
1	133	164	193	223	253	24	54	85	116	146	177	207
2	134	165	194	224	254	25	55	86	117	147	178	208
3	135	166	195	225	255	26	56	87	118	148	179	209
4	136	167	196	226	256	27	57	88	119	149	180	210
5	137	168	197	227	257	28	58	89	120	150	181	211
6	138	169	198	228	258	29	59	90	121	151	182	212
7	139	170	199	229	259	30	60	91	122	152	183	213
8	140	171	200	230	260	31	61	92	123	153	184	214
9	141	172	201	231	1	32	62	93	124	154	185	215
10	142	173	202	232	2	33	63	94	125	155	186	216
11	143	174	203	233	3	34	64	95	126	156	187	217
12	144	175	204	234	4	35	65	96	127	157	188	218
13	145	176	205	235	5	36	66	97	128	158	189	219
14	146	177	206	236	6	37	67	98	129	159	190	220
15	147	178	207	237	7	38	68	99	130	160	191	221
16	148	179	208	238	8	39	69	100	131	161	192	222
17	149	180	209	239	9	40	70	101	132	162	193	223
18	150	181	210	240	10	41	71	102	133	163	194	224
19	151	182	211	241	11	42	72	103	134	164	195	225
20	152	183	212	242	12	43	73	104	135	165	196	226
21	153	184	213	243	13	44	74	105	136	166	197	227
22	154	185	214	244	14	45	75	106	137	167	198	228
23	155	186	215	245	15	46	76	107	138	168	199	229
24	156	187	216	246	16	47	77	108	139	169	200	230
25	157	188	217	247	17	48	78	109	140	170	201	231
26	158	189	218	248	18	49	79	110	141	171	202	232
27	159	190	219	249	19	50	80	111	142	172	203	233
28	160	191	220	250	20	51	81	112	143	173	204	234
29	161	192	221	251	21	52	82	113	144	174	205	235
30	162		222	252	22	53	83	114	145	175	206	236
31	163		223		23		84	115		176		237

1981・1929年

	1月	2月	3月	4月	5月	6月	7月	8月	9月	10月	11月	12月
1	238	9	37	68	98	129	159	190	221	251	22	52
2	239	10	38	69	99	130	160	191	222	252	23	53
3	240	11	39	70	100	131	161	192	223	253	24	54
4	241	12	40	71	101	132	162	193	224	254	25	55
5	242	13	41	72	102	133	163	194	225	255	26	56
6	243	14	42	73	103	134	164	195	226	256	27	57
7	244	15	43	74	104	135	165	196	227	257	28	58
8	245	16	44	75	105	136	166	197	228	258	29	59
9	246	17	45	76	106	137	167	198	229	259	30	60
10	247	18	46	77	107	138	168	199	230	260	31	61
11	248	19	47	78	108	139	169	200	231	1	32	62
12	249	20	48	79	109	140	170	201	232	2	33	63
13	250	21	49	80	110	141	171	202	233	3	34	64
14	251	22	50	81	111	142	172	203	234	4	35	65
15	252	23	51	82	112	143	173	204	235	5	36	66
16	253	24	52	83	113	144	174	205	236	6	37	67
17	254	25	53	84	114	145	175	206	237	7	38	68
18	255	26	54	85	115	146	176	207	238	8	39	69
19	256	27	55	86	116	147	177	208	239	9	40	70
20	257	28	56	87	117	148	178	209	240	10	41	71
21	258	29	57	88	118	149	179	210	241	11	42	72
22	259	30	58	89	119	150	180	211	242	12	43	73
23	260	31	59	90	120	151	181	212	243	13	44	74
24	1	32	60	91	121	152	182	213	244	14	45	75
25	2	33	61	92	122	153	183	214	245	15	46	76
26	3	34	62	93	123	154	184	215	246	16	47	77
27	4	35	63	94	124	155	185	216	247	17	48	78
28	5	36	64	95	125	156	186	217	248	18	49	79
29	6		65	96	126	157	187	218	249	19	50	80
30	7		66	97	127	158	188	219	250	20	51	81
31	8		67		128		189	220		21		82

1982・1930年

	1月	2月	3月	4月	5月	6月	7月	8月	9月	10月	11月	12月
1	83	114	142	173	203	234	4	35	66	96	127	157
2	84	115	143	174	204	235	5	36	67	97	128	158
3	85	116	144	175	205	236	6	37	68	98	129	159
4	86	117	145	176	206	237	7	38	69	99	130	160
5	87	118	146	177	207	238	8	39	70	100	131	161
6	88	119	147	178	208	239	9	40	71	101	132	162
7	89	120	148	179	209	240	10	41	72	102	133	163
8	90	121	149	180	210	241	11	42	73	103	134	164
9	91	122	150	181	211	242	12	43	74	104	135	165
10	92	123	151	182	212	243	13	44	75	105	136	166
11	93	124	152	183	213	244	14	45	76	106	137	167
12	94	125	153	184	214	245	15	46	77	107	138	168
13	95	126	154	185	215	246	16	47	78	108	139	169
14	96	127	155	186	216	247	17	48	79	109	140	170
15	97	128	156	187	217	248	18	49	80	110	141	171
16	98	129	157	188	218	249	19	50	81	111	142	172
17	99	130	158	189	219	250	20	51	82	112	143	173
18	100	131	159	190	220	251	21	52	83	113	144	174
19	101	132	160	191	221	252	22	53	84	114	145	175
20	102	133	161	192	222	253	23	54	85	115	146	176
21	103	134	162	193	223	254	24	55	86	116	147	177
22	104	135	163	194	224	255	25	56	87	117	148	178
23	105	136	164	195	225	256	26	57	88	118	149	179
24	106	137	165	196	226	257	27	58	89	119	150	180
25	107	138	166	197	227	258	28	59	90	120	151	181
26	108	139	167	198	228	259	29	60	91	121	152	182
27	109	140	168	199	229	260	30	61	92	122	153	183
28	110	141	169	200	230	1	31	62	93	123	154	184
29	111		170	201	231	2	32	63	94	124	155	185
30	112		171	202	232	3	33	64	95	125	156	186
31	113		172		233		34	65		126		187

1983・1931年

	1月	2月	3月	4月	5月	6月	7月	8月	9月	10月	11月	12月
1	188	219	247	18	48	79	109	140	171	201	232	2
2	189	220	248	19	49	80	110	141	172	202	233	3
3	190	221	249	20	50	81	111	142	173	203	234	4
4	191	222	250	21	51	82	112	143	174	204	235	5
5	192	223	251	22	52	83	113	144	175	205	236	6
6	193	224	252	23	53	84	114	145	176	206	237	7
7	194	225	253	24	54	85	115	146	177	207	238	8
8	195	226	254	25	55	86	116	147	178	208	239	9
9	196	227	255	26	56	87	117	148	179	209	240	10
10	197	228	256	27	57	88	118	149	180	210	241	11
11	198	229	257	28	58	89	119	150	181	211	242	12
12	199	230	258	29	59	90	120	151	182	212	243	13
13	200	231	259	30	60	91	121	152	183	213	244	14
14	201	232	260	31	61	92	122	153	184	214	245	15
15	202	233	1	32	62	93	123	154	185	215	246	16
16	203	234	2	33	63	94	124	155	186	216	247	17
17	204	235	3	34	64	95	125	156	187	217	248	18
18	205	236	4	35	65	96	126	157	188	218	249	19
19	206	237	5	36	66	97	127	158	189	219	250	20
20	207	238	6	37	67	98	128	159	190	220	251	21
21	208	239	7	38	68	99	129	160	191	221	252	22
22	209	240	8	39	69	100	130	161	192	222	253	23
23	210	241	9	40	70	101	131	162	193	223	254	24
24	211	242	10	41	71	102	132	163	194	224	255	25
25	212	243	11	42	72	103	133	164	195	225	256	26
26	213	244	12	43	73	104	134	165	196	226	257	27
27	214	245	13	44	74	105	135	166	197	227	258	28
28	215	246	14	45	75	106	136	167	198	228	259	29
29	216		15	46	76	107	137	168	199	229	260	30
30	217		16	47	77	108	138	169	200	230	1	31
31	218		17		78		139	170		231		32

西暦とマヤ暦の対照表

1984・1932年

	1月	2月	3月	4月	5月	6月	7月	8月	9月	10月	11月	12月
1	33	64	93	123	153	184	214	245	16	46	77	107
2	34	65	94	124	154	185	215	246	17	47	78	108
3	35	66	95	125	155	186	216	247	18	48	79	109
4	36	67	96	126	156	187	217	248	19	49	80	110
5	37	68	97	127	157	188	218	249	20	50	81	111
6	38	69	98	128	158	189	219	250	21	51	82	112
7	39	70	99	129	159	190	220	251	22	52	83	113
8	40	71	100	130	160	191	221	252	23	53	84	114
9	41	72	101	131	161	192	222	253	24	54	85	115
10	42	73	102	132	162	193	223	254	25	55	86	116
11	43	74	103	133	163	194	224	255	26	56	87	117
12	44	75	104	134	164	195	225	256	27	57	88	118
13	45	76	105	135	165	196	226	257	28	58	89	119
14	46	77	106	136	166	197	227	258	29	59	90	120
15	47	78	107	137	167	198	228	259	30	60	91	121
16	48	79	108	138	168	199	229	260	31	61	92	122
17	49	80	109	139	169	200	230	1	32	62	93	123
18	50	81	110	140	170	201	231	2	33	63	94	124
19	51	82	111	141	171	202	232	3	34	64	95	125
20	52	83	112	142	172	203	233	4	35	65	96	126
21	53	84	113	143	173	204	234	5	36	66	97	127
22	54	85	114	144	174	205	235	6	37	67	98	128
23	55	86	115	145	175	206	236	7	38	68	99	129
24	56	87	116	146	176	207	237	8	39	69	100	130
25	57	88	117	147	177	208	238	9	40	70	101	131
26	58	89	118	148	178	209	239	10	41	71	102	132
27	59	90	119	149	179	210	240	11	42	72	103	133
28	60	91	120	150	180	211	241	12	43	73	104	134
29	61	92	121	151	181	212	242	13	44	74	105	135
30	62		122	152	182	213	243	14	45	75	106	136
31	63		123		183		244	15		76		137

1985・1933年

	1月	2月	3月	4月	5月	6月	7月	8月	9月	10月	11月	12月
1	138	169	197	228	258	29	59	90	121	151	182	212
2	139	170	198	229	259	30	60	91	122	152	183	213
3	140	171	199	230	260	31	61	92	123	153	184	214
4	141	172	200	231	1	32	62	93	124	154	185	215
5	142	173	201	232	2	33	63	94	125	155	186	216
6	143	174	202	233	3	34	64	95	126	156	187	217
7	144	175	203	234	4	35	65	96	127	157	188	218
8	145	176	204	235	5	36	66	97	128	158	189	219
9	146	177	205	236	6	37	67	98	129	159	190	220
10	147	178	206	237	7	38	68	99	130	160	191	221
11	148	179	207	238	8	39	69	100	131	161	192	222
12	149	180	208	239	9	40	70	101	132	162	193	223
13	150	181	209	240	10	41	71	102	133	163	194	224
14	151	182	210	241	11	42	72	103	134	164	195	225
15	152	183	211	242	12	43	73	104	135	165	196	226
16	153	184	212	243	13	44	74	105	136	166	197	227
17	154	185	213	244	14	45	75	106	137	167	198	228
18	155	186	214	245	15	46	76	107	138	168	199	229
19	156	187	215	246	16	47	77	108	139	169	200	230
20	157	188	216	247	17	48	78	109	140	170	201	231
21	158	189	217	248	18	49	79	110	141	171	202	232
22	159	190	218	249	19	50	80	111	142	172	203	233
23	160	191	219	250	20	51	81	112	143	173	204	234
24	161	192	220	251	21	52	82	113	144	174	205	235
25	162	193	221	252	22	53	83	114	145	175	206	236
26	163	194	222	253	23	54	84	115	146	176	207	237
27	164	195	223	254	24	55	85	116	147	177	208	238
28	165	196	224	255	25	56	86	117	148	178	209	239
29	166		225	256	26	57	87	118	149	179	210	240
30	167		226	257	27	58	88	119	150	180	211	241
31	168		227		28		89	120		181		242

1986・1934年

	1月	2月	3月	4月	5月	6月	7月	8月	9月	10月	11月	12月
1	243	14	42	73	103	134	164	195	226	256	27	57
2	244	15	43	74	104	135	165	196	227	257	28	58
3	245	16	44	75	105	136	166	197	228	258	29	59
4	246	17	45	76	106	137	167	198	229	259	30	60
5	247	18	46	77	107	138	168	199	230	260	31	61
6	248	19	47	78	108	139	169	200	231	1	32	62
7	249	20	48	79	109	140	170	201	232	2	33	63
8	250	21	49	80	110	141	171	202	233	3	34	64
9	251	22	50	81	111	142	172	203	234	4	35	65
10	252	23	51	82	112	143	173	204	235	5	36	66
11	253	24	52	83	113	144	174	205	236	6	37	67
12	254	25	53	84	114	145	175	206	237	7	38	68
13	255	26	54	85	115	146	176	207	238	8	39	69
14	256	27	55	86	116	147	177	208	239	9	40	70
15	257	28	56	87	117	148	178	209	240	10	41	71
16	258	29	57	88	118	149	179	210	241	11	42	72
17	259	30	58	89	119	150	180	211	242	12	43	73
18	260	31	59	90	120	151	181	212	243	13	44	74
19	1	32	60	91	121	152	182	213	244	14	45	75
20	2	33	61	92	122	153	183	214	245	15	46	76
21	3	34	62	93	123	154	184	215	246	16	47	77
22	4	35	63	94	124	155	185	216	247	17	48	78
23	5	36	64	95	125	156	186	217	248	18	49	79
24	6	37	65	96	126	157	187	218	249	19	50	80
25	7	38	66	97	127	158	188	219	250	20	51	81
26	8	39	67	98	128	159	189	220	251	21	52	82
27	9	40	68	99	129	160	190	221	252	22	53	83
28	10	41	69	100	130	161	191	222	253	23	54	84
29	11		70	101	131	162	192	223	254	24	55	85
30	12		71	102	132	163	193	224	255	25	56	86
31	13		72		133		194	225		26		87

1987・1935年

	1月	2月	3月	4月	5月	6月	7月	8月	9月	10月	11月	12月
1	88	119	147	178	208	239	9	40	71	101	132	162
2	89	120	148	179	209	240	10	41	72	102	133	163
3	90	121	149	180	210	241	11	42	73	103	134	164
4	91	122	150	181	211	242	12	43	74	104	135	165
5	92	123	151	182	212	243	13	44	75	105	136	166
6	93	124	152	183	213	244	14	45	76	106	137	167
7	94	125	153	184	214	245	15	46	77	107	138	168
8	95	126	154	185	215	246	16	47	78	108	139	169
9	96	127	155	186	216	247	17	48	79	109	140	170
10	97	128	156	187	217	248	18	49	80	110	141	171
11	98	129	157	188	218	249	19	50	81	111	142	172
12	99	130	158	189	219	250	20	51	82	112	143	173
13	100	131	159	190	220	251	21	52	83	113	144	174
14	101	132	160	191	221	252	22	53	84	114	145	175
15	102	133	161	192	222	253	23	54	85	115	146	176
16	103	134	162	193	223	254	24	55	86	116	147	177
17	104	135	163	194	224	255	25	56	87	117	148	178
18	105	136	164	195	225	256	26	57	88	118	149	179
19	106	137	165	196	226	257	27	58	89	119	150	180
20	107	138	166	197	227	258	28	59	90	120	151	181
21	108	139	167	198	228	259	29	60	91	121	152	182
22	109	140	168	199	229	260	30	61	92	122	153	183
23	110	141	169	200	230	1	31	62	93	123	154	184
24	111	142	170	201	231	2	32	63	94	124	155	185
25	112	143	171	202	232	3	33	64	95	125	156	186
26	113	144	172	203	233	4	34	65	96	126	157	187
27	114	145	173	204	234	5	35	66	97	127	158	188
28	115	146	174	205	235	6	36	67	98	128	159	189
29	116		175	206	236	7	37	68	99	129	160	190
30	117		176	207	237	8	38	69	100	130	161	191
31	118		177		238		39	70		131		192

西暦とマヤ暦の対照表

1988・1936年

	1月	2月	3月	4月	5月	6月	7月	8月	9月	10月	11月	12月
1	193	224	253	23	53	84	114	145	176	206	237	7
2	194	225	254	24	54	85	115	146	177	207	238	8
3	195	226	255	25	55	86	116	147	178	208	239	9
4	196	227	256	26	56	87	117	148	179	209	240	10
5	197	228	257	27	57	88	118	149	180	210	241	11
6	198	229	258	28	58	89	119	150	181	211	242	12
7	199	230	259	29	59	90	120	151	182	212	243	13
8	200	231	260	30	60	91	121	152	183	213	244	14
9	201	232	1	31	61	92	122	153	184	214	245	15
10	202	233	2	32	62	93	123	154	185	215	246	16
11	203	234	3	33	63	94	124	155	186	216	247	17
12	204	235	4	34	64	95	125	156	187	217	248	18
13	205	236	5	35	65	96	126	157	188	218	249	19
14	206	237	6	36	66	97	127	158	189	219	250	20
15	207	238	7	37	67	98	128	159	190	220	251	21
16	208	239	8	38	68	99	129	160	191	221	252	22
17	209	240	9	39	69	100	130	161	192	222	253	23
18	210	241	10	40	70	101	131	162	193	223	254	24
19	211	242	11	41	71	102	132	163	194	224	255	25
20	212	243	12	42	72	103	133	164	195	225	256	26
21	213	244	13	43	73	104	134	165	196	226	257	27
22	214	245	14	44	74	105	135	166	197	227	258	28
23	215	246	15	45	75	106	136	167	198	228	259	29
24	216	247	16	46	76	107	137	168	199	229	260	30
25	217	248	17	47	77	108	138	169	200	230	1	31
26	218	249	18	48	78	109	139	170	201	231	2	32
27	219	250	19	49	79	110	140	171	202	232	3	33
28	220	251	20	50	80	111	141	172	203	233	4	34
29	221	252	21	51	81	112	142	173	204	234	5	35
30	222		22	52	82	113	143	174	205	235	6	36
31	223		23		83		144	175		236		37

1989・1937年

	1月	2月	3月	4月	5月	6月	7月	8月	9月	10月	11月	12月
1	38	69	97	128	158	189	219	250	21	51	82	112
2	39	70	98	129	159	190	220	251	22	52	83	113
3	40	71	99	130	160	191	221	252	23	53	84	114
4	41	72	100	131	161	192	222	253	24	54	85	115
5	42	73	101	132	162	193	223	254	25	55	86	116
6	43	74	102	133	163	194	224	255	26	56	87	117
7	44	75	103	134	164	195	225	256	27	57	88	118
8	45	76	104	135	165	196	226	257	28	58	89	119
9	46	77	105	136	166	197	227	258	29	59	90	120
10	47	78	106	137	167	198	228	259	30	60	91	121
11	48	79	107	138	168	199	229	260	31	61	92	122
12	49	80	108	139	169	200	230	1	32	62	93	123
13	50	81	109	140	170	201	231	2	33	63	94	124
14	51	82	110	141	171	202	232	3	34	64	95	125
15	52	83	111	142	172	203	233	4	35	65	96	126
16	53	84	112	143	173	204	234	5	36	66	97	127
17	54	85	113	144	174	205	235	6	37	67	98	128
18	55	86	114	145	175	206	236	7	38	68	99	129
19	56	87	115	146	176	207	237	8	39	69	100	130
20	57	88	116	147	177	208	238	9	40	70	101	131
21	58	89	117	148	178	209	239	10	41	71	102	132
22	59	90	118	149	179	210	240	11	42	72	103	133
23	60	91	119	150	180	211	241	12	43	73	104	134
24	61	92	120	151	181	212	242	13	44	74	105	135
25	62	93	121	152	182	213	243	14	45	75	106	136
26	63	94	122	153	183	214	244	15	46	76	107	137
27	64	95	123	154	184	215	245	16	47	77	108	138
28	65	96	124	155	185	216	246	17	48	78	109	139
29	66		125	156	186	217	247	18	49	79	110	140
30	67		126	157	187	218	248	19	50	80	111	141
31	68		127		188		249	20		81		142

1990・1938年

	1月	2月	3月	4月	5月	6月	7月	8月	9月	10月	11月	12月
1	143	174	202	233	3	34	64	95	126	156	187	217
2	144	175	203	234	4	35	65	96	127	157	188	218
3	145	176	204	235	5	36	66	97	128	158	189	219
4	146	177	205	236	6	37	67	98	129	159	190	220
5	147	178	206	237	7	38	68	99	130	160	191	221
6	148	179	207	238	8	39	69	100	131	161	192	222
7	149	180	208	239	9	40	70	101	132	162	193	223
8	150	181	209	240	10	41	71	102	133	163	194	224
9	151	182	210	241	11	42	72	103	134	164	195	225
10	152	183	211	242	12	43	73	104	135	165	196	226
11	153	184	212	243	13	44	74	105	136	166	197	227
12	154	185	213	244	14	45	75	106	137	167	198	228
13	155	186	214	245	15	46	76	107	138	168	199	229
14	156	187	215	246	16	47	77	108	139	169	200	230
15	157	188	216	247	17	48	78	109	140	170	201	231
16	158	189	217	248	18	49	79	110	141	171	202	232
17	159	190	218	249	19	50	80	111	142	172	203	233
18	160	191	219	250	20	51	81	112	143	173	204	234
19	161	192	220	251	21	52	82	113	144	174	205	235
20	162	193	221	252	22	53	83	114	145	175	206	236
21	163	194	222	253	23	54	84	115	146	176	207	237
22	164	195	223	254	24	55	85	116	147	177	208	238
23	165	196	224	255	25	56	86	117	148	178	209	239
24	166	197	225	256	26	57	87	118	149	179	210	240
25	167	198	226	257	27	58	88	119	150	180	211	241
26	168	199	227	258	28	59	89	120	151	181	212	242
27	169	200	228	259	29	60	90	121	152	182	213	243
28	170	201	229	260	30	61	91	122	153	183	214	244
29	171		230	1	31	62	92	123	154	184	215	245
30	172		231	2	32	63	93	124	155	185	216	246
31	173		232		33		94	125		186		247

1991・1939年

	1月	2月	3月	4月	5月	6月	7月	8月	9月	10月	11月	12月
1	248	19	47	78	108	139	169	200	231	1	32	62
2	249	20	48	79	109	140	170	201	232	2	33	63
3	250	21	49	80	110	141	171	202	233	3	34	64
4	251	22	50	81	111	142	172	203	234	4	35	65
5	252	23	51	82	112	143	173	204	235	5	36	66
6	253	24	52	83	113	144	174	205	236	6	37	67
7	254	25	53	84	114	145	175	206	237	7	38	68
8	255	26	54	85	115	146	176	207	238	8	39	69
9	256	27	55	86	116	147	177	208	239	9	40	70
10	257	28	56	87	117	148	178	209	240	10	41	71
11	258	29	57	88	118	149	179	210	241	11	42	72
12	259	30	58	89	119	150	180	211	242	12	43	73
13	260	31	59	90	120	151	181	212	243	13	44	74
14	1	32	60	91	121	152	182	213	244	14	45	75
15	2	33	61	92	122	153	183	214	245	15	46	76
16	3	34	62	93	123	154	184	215	246	16	47	77
17	4	35	63	94	124	155	185	216	247	17	48	78
18	5	36	64	95	125	156	186	217	248	18	49	79
19	6	37	65	96	126	157	187	218	249	19	50	80
20	7	38	66	97	127	158	188	219	250	20	51	81
21	8	39	67	98	128	159	189	220	251	21	52	82
22	9	40	68	99	129	160	190	221	252	22	53	83
23	10	41	69	100	130	161	191	222	253	23	54	84
24	11	42	70	101	131	162	192	223	254	24	55	85
25	12	43	71	102	132	163	193	224	255	25	56	86
26	13	44	72	103	133	164	194	225	256	26	57	87
27	14	45	73	104	134	165	195	226	257	27	58	88
28	15	46	74	105	135	166	196	227	258	28	59	89
29	16		75	106	136	167	197	228	259	29	60	90
30	17		76	107	137	168	198	229	260	30	61	91
31	18		77		138		199	230		31		92

西暦とマヤ暦の対照表

1992・1940年

	1月	2月	3月	4月	5月	6月	7月	8月	9月	10月	11月	12月
1	93	124	153	183	213	244	14	45	76	106	137	167
2	94	125	154	184	214	245	15	46	77	107	138	168
3	95	126	155	185	215	246	16	47	78	108	139	169
4	96	127	156	186	216	247	17	48	79	109	140	170
5	97	128	157	187	217	248	18	49	80	110	141	171
6	98	129	158	188	218	249	19	50	81	111	142	172
7	99	130	159	189	219	250	20	51	82	112	143	173
8	100	131	160	190	220	251	21	52	83	113	144	174
9	101	132	161	191	221	252	22	53	84	114	145	175
10	102	133	162	192	222	253	23	54	85	115	146	176
11	103	134	163	193	223	254	24	55	86	116	147	177
12	104	135	164	194	224	255	25	56	87	117	148	178
13	105	136	165	195	225	256	26	57	88	118	149	179
14	106	137	166	196	226	257	27	58	89	119	150	180
15	107	138	167	197	227	258	28	59	90	120	151	181
16	108	139	168	198	228	259	29	60	91	121	152	182
17	109	140	169	199	229	260	30	61	92	122	153	183
18	110	141	170	200	230	1	31	62	93	123	154	184
19	111	142	171	201	231	2	32	63	94	124	155	185
20	112	143	172	202	232	3	33	64	95	125	156	186
21	113	144	173	203	233	4	34	65	96	126	157	187
22	114	145	174	204	234	5	35	66	97	127	158	188
23	115	146	175	205	235	6	36	67	98	128	159	189
24	116	147	176	206	236	7	37	68	99	129	160	190
25	117	148	177	207	237	8	38	69	100	130	161	191
26	118	149	178	208	238	9	39	70	101	131	162	192
27	119	150	179	209	239	10	40	71	102	132	163	193
28	120	151	180	210	240	11	41	72	103	133	164	194
29	121	152	181	211	241	12	42	73	104	134	165	195
30	122		182	212	242	13	43	74	105	135	166	196
31	123		183		243		44	75		136		197

1993・1941年

	1月	2月	3月	4月	5月	6月	7月	8月	9月	10月	11月	12月
1	198	229	257	28	58	89	119	150	181	211	242	12
2	199	230	258	29	59	90	120	151	182	212	243	13
3	200	231	259	30	60	91	121	152	183	213	244	14
4	201	232	260	31	61	92	122	153	184	214	245	15
5	202	233	1	32	62	93	123	154	185	215	246	16
6	203	234	2	33	63	94	124	155	186	216	247	17
7	204	235	3	34	64	95	125	156	187	217	248	18
8	205	236	4	35	65	96	126	157	188	218	249	19
9	206	237	5	36	66	97	127	158	189	219	250	20
10	207	238	6	37	67	98	128	159	190	220	251	21
11	208	239	7	38	68	99	129	160	191	221	252	22
12	209	240	8	39	69	100	130	161	192	222	253	23
13	210	241	9	40	70	101	131	162	193	223	254	24
14	211	242	10	41	71	102	132	163	194	224	255	25
15	212	243	11	42	72	103	133	164	195	225	256	26
16	213	244	12	43	73	104	134	165	196	226	257	27
17	214	245	13	44	74	105	135	166	197	227	258	28
18	215	246	14	45	75	106	136	167	198	228	259	29
19	216	247	15	46	76	107	137	168	199	229	260	30
20	217	248	16	47	77	108	138	169	200	230	1	31
21	218	249	17	48	78	109	139	170	201	231	2	32
22	219	250	18	49	79	110	140	171	202	232	3	33
23	220	251	19	50	80	111	141	172	203	233	4	34
24	221	252	20	51	81	112	142	173	204	234	5	35
25	222	253	21	52	82	113	143	174	205	235	6	36
26	223	254	22	53	83	114	144	175	206	236	7	37
27	224	255	23	54	84	115	145	176	207	237	8	38
28	225	256	24	55	85	116	146	177	208	238	9	39
29	226		25	56	86	117	147	178	209	239	10	40
30	227		26	57	87	118	148	179	210	240	11	41
31	228		27		88		149	180		241		42

1994・1942年

	1月	2月	3月	4月	5月	6月	7月	8月	9月	10月	11月	12月
1	43	74	102	133	163	194	224	255	26	56	87	117
2	44	75	103	134	164	195	225	256	27	57	88	118
3	45	76	104	135	165	196	226	257	28	58	89	119
4	46	77	105	136	166	197	227	258	29	59	90	120
5	47	78	106	137	167	198	228	259	30	60	91	121
6	48	79	107	138	168	199	229	260	31	61	92	122
7	49	80	108	139	169	200	230	1	32	62	93	123
8	50	81	109	140	170	201	231	2	33	63	94	124
9	51	82	110	141	171	202	232	3	34	64	95	125
10	52	83	111	142	172	203	233	4	35	65	96	126
11	53	84	112	143	173	204	234	5	36	66	97	127
12	54	85	113	144	174	205	235	6	37	67	98	128
13	55	86	114	145	175	206	236	7	38	68	99	129
14	56	87	115	146	176	207	237	8	39	69	100	130
15	57	88	116	147	177	208	238	9	40	70	101	131
16	58	89	117	148	178	209	239	10	41	71	102	132
17	59	90	118	149	179	210	240	11	42	72	103	133
18	60	91	119	150	180	211	241	12	43	73	104	134
19	61	92	120	151	181	212	242	13	44	74	105	135
20	62	93	121	152	182	213	243	14	45	75	106	136
21	63	94	122	153	183	214	244	15	46	76	107	137
22	64	95	123	154	184	215	245	16	47	77	108	138
23	65	96	124	155	185	216	246	17	48	78	109	139
24	66	97	125	156	186	217	247	18	49	79	110	140
25	67	98	126	157	187	218	248	19	50	80	111	141
26	68	99	127	158	188	219	249	20	51	81	112	142
27	69	100	128	159	189	220	250	21	52	82	113	143
28	70	101	129	160	190	221	251	22	53	83	114	144
29	71		130	161	191	222	252	23	54	84	115	145
30	72		131	162	192	223	253	24	55	85	116	146
31	73		132		193		254	25		86		147

1995・1943年

	1月	2月	3月	4月	5月	6月	7月	8月	9月	10月	11月	12月
1	148	179	207	238	8	39	69	100	131	161	192	222
2	149	180	208	239	9	40	70	101	132	162	193	223
3	150	181	209	240	10	41	71	102	133	163	194	224
4	151	182	210	241	11	42	72	103	134	164	195	225
5	152	183	211	242	12	43	73	104	135	165	196	226
6	153	184	212	243	13	44	74	105	136	166	197	227
7	154	185	213	244	14	45	75	106	137	167	198	228
8	155	186	214	245	15	46	76	107	138	168	199	229
9	156	187	215	246	16	47	77	108	139	169	200	230
10	157	188	216	247	17	48	78	109	140	170	201	231
11	158	189	217	248	18	49	79	110	141	171	202	232
12	159	190	218	249	19	50	80	111	142	172	203	233
13	160	191	219	250	20	51	81	112	143	173	204	234
14	161	192	220	251	21	52	82	113	144	174	205	235
15	162	193	221	252	22	53	83	114	145	175	206	236
16	163	194	222	253	23	54	84	115	146	176	207	237
17	164	195	223	254	24	55	85	116	147	177	208	238
18	165	196	224	255	25	56	86	117	148	178	209	239
19	166	197	225	256	26	57	87	118	149	179	210	240
20	167	198	226	257	27	58	88	119	150	180	211	241
21	168	199	227	258	28	59	89	120	151	181	212	242
22	169	200	228	259	29	60	90	121	152	182	213	243
23	170	201	229	260	30	61	91	122	153	183	214	244
24	171	202	230	1	31	62	92	123	154	184	215	245
25	172	203	231	2	32	63	93	124	155	185	216	246
26	173	204	232	3	33	64	94	125	156	186	217	247
27	174	205	233	4	34	65	95	126	157	187	218	248
28	175	206	234	5	35	66	96	127	158	188	219	249
29	176		235	6	36	67	97	128	159	189	220	250
30	177		236	7	37	68	98	129	160	190	221	251
31	178		237		38		99	130		191		252

西暦とマヤ暦の対照表

1996・1944年

	1月	2月	3月	4月	5月	6月	7月	8月	9月	10月	11月	12月
1	253	24	53	83	113	144	174	205	236	6	37	67
2	254	25	54	84	114	145	175	206	237	7	38	68
3	255	26	55	85	115	146	176	207	238	8	39	69
4	256	27	56	86	116	147	177	208	239	9	40	70
5	257	28	57	87	117	148	178	209	240	10	41	71
6	258	29	58	88	118	149	179	210	241	11	42	72
7	259	30	59	89	119	150	180	211	242	12	43	73
8	260	31	60	90	120	151	181	212	243	13	44	74
9	1	32	61	91	121	152	182	213	244	14	45	75
10	2	33	62	92	122	153	183	214	245	15	46	76
11	3	34	63	93	123	154	184	215	246	16	47	77
12	4	35	64	94	124	155	185	216	247	17	48	78
13	5	36	65	95	125	156	186	217	248	18	49	79
14	6	37	66	96	126	157	187	218	249	19	50	80
15	7	38	67	97	127	158	188	219	250	20	51	81
16	8	39	68	98	128	159	189	220	251	21	52	82
17	9	40	69	99	129	160	190	221	252	22	53	83
18	10	41	70	100	130	161	191	222	253	23	54	84
19	11	42	71	101	131	162	192	223	254	24	55	85
20	12	43	72	102	132	163	193	224	255	25	56	86
21	13	44	73	103	133	164	194	225	256	26	57	87
22	14	45	74	104	134	165	195	226	257	27	58	88
23	15	46	75	105	135	166	196	227	258	28	59	89
24	16	47	76	106	136	167	197	228	259	29	60	90
25	17	48	77	107	137	168	198	229	260	30	61	91
26	18	49	78	108	138	169	199	230	1	31	62	92
27	19	50	79	109	139	170	200	231	2	32	63	93
28	20	51	80	110	140	171	201	232	3	33	64	94
29	21	52	81	111	141	172	202	233	4	34	65	95
30	22		82	112	142	173	203	234	5	35	66	96
31	23		83		143		204	235		36		97

1997・1945年

	1月	2月	3月	4月	5月	6月	7月	8月	9月	10月	11月	12月
1	98	129	157	188	218	249	19	50	81	111	142	172
2	99	130	158	189	219	250	20	51	82	112	143	173
3	100	131	159	190	220	251	21	52	83	113	144	174
4	101	132	160	191	221	252	22	53	84	114	145	175
5	102	133	161	192	222	253	23	54	85	115	146	176
6	103	134	162	193	223	254	24	55	86	116	147	177
7	104	135	163	194	224	255	25	56	87	117	148	178
8	105	136	164	195	225	256	26	57	88	118	149	179
9	106	137	165	196	226	257	27	58	89	119	150	180
10	107	138	166	197	227	258	28	59	90	120	151	181
11	108	139	167	198	228	259	29	60	91	121	152	182
12	109	140	168	199	229	260	30	61	92	122	153	183
13	110	141	169	200	230	1	31	62	93	123	154	184
14	111	142	170	201	231	2	32	63	94	124	155	185
15	112	143	171	202	232	3	33	64	95	125	156	186
16	113	144	172	203	233	4	34	65	96	126	157	187
17	114	145	173	204	234	5	35	66	97	127	158	188
18	115	146	174	205	235	6	36	67	98	128	159	189
19	116	147	175	206	236	7	37	68	99	129	160	190
20	117	148	176	207	237	8	38	69	100	130	161	191
21	118	149	177	208	238	9	39	70	101	131	162	192
22	119	150	178	209	239	10	40	71	102	132	163	193
23	120	151	179	210	240	11	41	72	103	133	164	194
24	121	152	180	211	241	12	42	73	104	134	165	195
25	122	153	181	212	242	13	43	74	105	135	166	196
26	123	154	182	213	243	14	44	75	106	136	167	197
27	124	155	183	214	244	15	45	76	107	137	168	198
28	125	156	184	215	245	16	46	77	108	138	169	199
29	126		185	216	246	17	47	78	109	139	170	200
30	127		186	217	247	18	48	79	110	140	171	201
31	128		187		248		49	80		141		202

1998・1946年

	1月	2月	3月	4月	5月	6月	7月	8月	9月	10月	11月	12月
1	203	234	2	33	63	94	124	155	186	216	247	17
2	204	235	3	34	64	95	125	156	187	217	248	18
3	205	236	4	35	65	96	126	157	188	218	249	19
4	206	237	5	36	66	97	127	158	189	219	250	20
5	207	238	6	37	67	98	128	159	190	220	251	21
6	208	239	7	38	68	99	129	160	191	221	252	22
7	209	240	8	39	69	100	130	161	192	222	253	23
8	210	241	9	40	70	101	131	162	193	223	254	24
9	211	242	10	41	71	102	132	163	194	224	255	25
10	212	243	11	42	72	103	133	164	195	225	256	26
11	213	244	12	43	73	104	134	165	196	226	257	27
12	214	245	13	44	74	105	135	166	197	227	258	28
13	215	246	14	45	75	106	136	167	198	228	259	29
14	216	247	15	46	76	107	137	168	199	229	260	30
15	217	248	16	47	77	108	138	169	200	230	1	31
16	218	249	17	48	78	109	139	170	201	231	2	32
17	219	250	18	49	79	110	140	171	202	232	3	33
18	220	251	19	50	80	111	141	172	203	233	4	34
19	221	252	20	51	81	112	142	173	204	234	5	35
20	222	253	21	52	82	113	143	174	205	235	6	36
21	223	254	22	53	83	114	144	175	206	236	7	37
22	224	255	23	54	84	115	145	176	207	237	8	38
23	225	256	24	55	85	116	146	177	208	238	9	39
24	226	257	25	56	86	117	147	178	209	239	10	40
25	227	258	26	57	87	118	148	179	210	240	11	41
26	228	259	27	58	88	119	149	180	211	241	12	42
27	229	260	28	59	89	120	150	181	212	242	13	43
28	230	1	29	60	90	121	151	182	213	243	14	44
29	231		30	61	91	122	152	183	214	244	15	45
30	232		31	62	92	123	153	184	215	245	16	46
31	233		32		93		154	185		246		47

1999・1947年

	1月	2月	3月	4月	5月	6月	7月	8月	9月	10月	11月	12月
1	48	79	107	138	168	199	229	260	31	61	92	122
2	49	80	108	139	169	200	230	1	32	62	93	123
3	50	81	109	140	170	201	231	2	33	63	94	124
4	51	82	110	141	171	202	232	3	34	64	95	125
5	52	83	111	142	172	203	233	4	35	65	96	126
6	53	84	112	143	173	204	234	5	36	66	97	127
7	54	85	113	144	174	205	235	6	37	67	98	128
8	55	86	114	145	175	206	236	7	38	68	99	129
9	56	87	115	146	176	207	237	8	39	69	100	130
10	57	88	116	147	177	208	238	9	40	70	101	131
11	58	89	117	148	178	209	239	10	41	71	102	132
12	59	90	118	149	179	210	240	11	42	72	103	133
13	60	91	119	150	180	211	241	12	43	73	104	134
14	61	92	120	151	181	212	242	13	44	74	105	135
15	62	93	121	152	182	213	243	14	45	75	106	136
16	63	94	122	153	183	214	244	15	46	76	107	137
17	64	95	123	154	184	215	245	16	47	77	108	138
18	65	96	124	155	185	216	246	17	48	78	109	139
19	66	97	125	156	186	217	247	18	49	79	110	140
20	67	98	126	157	187	218	248	19	50	80	111	141
21	68	99	127	158	188	219	249	20	51	81	112	142
22	69	100	128	159	189	220	250	21	52	82	113	143
23	70	101	129	160	190	221	251	22	53	83	114	144
24	71	102	130	161	191	222	252	23	54	84	115	145
25	72	103	131	162	192	223	253	24	55	85	116	146
26	73	104	132	163	193	224	254	25	56	86	117	147
27	74	105	133	164	194	225	255	26	57	87	118	148
28	75	106	134	165	195	226	256	27	58	88	119	149
29	76		135	166	196	227	257	28	59	89	120	150
30	77		136	167	197	228	258	29	60	90	121	151
31	78		137		198		259	30		91		152

西暦とマヤ暦の対照表

2000・1948年

	1月	2月	3月	4月	5月	6月	7月	8月	9月	10月	11月	12月
1	153	184	213	243	13	44	74	105	136	166	197	227
2	154	185	214	244	14	45	75	106	137	167	198	228
3	155	186	215	245	15	46	76	107	138	168	199	229
4	156	187	216	246	16	47	77	108	139	169	200	230
5	157	188	217	247	17	48	78	109	140	170	201	231
6	158	189	218	248	18	49	79	110	141	171	202	232
7	159	190	219	249	19	50	80	111	142	172	203	233
8	160	191	220	250	20	51	81	112	143	173	204	234
9	161	192	221	251	21	52	82	113	144	174	205	235
10	162	193	222	252	22	53	83	114	145	175	206	236
11	163	194	223	253	23	54	84	115	146	176	207	237
12	164	195	224	254	24	55	85	116	147	177	208	238
13	165	196	225	255	25	56	86	117	148	178	209	239
14	166	197	226	256	26	57	87	118	149	179	210	240
15	167	198	227	257	27	58	88	119	150	180	211	241
16	168	199	228	258	28	59	89	120	151	181	212	242
17	169	200	229	259	29	60	90	121	152	182	213	243
18	170	201	230	260	30	61	91	122	153	183	214	244
19	171	202	231	1	31	62	92	123	154	184	215	245
20	172	203	232	2	32	63	93	124	155	185	216	246
21	173	204	233	3	33	64	94	125	156	186	217	247
22	174	205	234	4	34	65	95	126	157	187	218	248
23	175	206	235	5	35	66	96	127	158	188	219	249
24	176	207	236	6	36	67	97	128	159	189	220	250
25	177	208	237	7	37	68	98	129	160	190	221	251
26	178	209	238	8	38	69	99	130	161	191	222	252
27	179	210	239	9	39	70	100	131	162	192	223	253
28	180	211	240	10	40	71	101	132	163	193	224	254
29	181	212	241	11	41	72	102	133	164	194	225	255
30	182		242	12	42	73	103	134	165	195	226	256
31	183		243		43		104	135		196		257

2001・1949年

	1月	2月	3月	4月	5月	6月	7月	8月	9月	10月	11月	12月
1	258	29	57	88	118	149	179	210	241	11	42	72
2	259	30	58	89	119	150	180	211	242	12	43	73
3	260	31	59	90	120	151	181	212	243	13	44	74
4	1	32	60	91	121	152	182	213	244	14	45	75
5	2	33	61	92	122	153	183	214	245	15	46	76
6	3	34	62	93	123	154	184	215	246	16	47	77
7	4	35	63	94	124	155	185	216	247	17	48	78
8	5	36	64	95	125	156	186	217	248	18	49	79
9	6	37	65	96	126	157	187	218	249	19	50	80
10	7	38	66	97	127	158	188	219	250	20	51	81
11	8	39	67	98	128	159	189	220	251	21	52	82
12	9	40	68	99	129	160	190	221	252	22	53	83
13	10	41	69	100	130	161	191	222	253	23	54	84
14	11	42	70	101	131	162	192	223	254	24	55	85
15	12	43	71	102	132	163	193	224	255	25	56	86
16	13	44	72	103	133	164	194	225	256	26	57	87
17	14	45	73	104	134	165	195	226	257	27	58	88
18	15	46	74	105	135	166	196	227	258	28	59	89
19	16	47	75	106	136	167	197	228	259	29	60	90
20	17	48	76	107	137	168	198	229	260	30	61	91
21	18	49	77	108	138	169	199	230	1	31	62	92
22	19	50	78	109	139	170	200	231	2	32	63	93
23	20	51	79	110	140	171	201	232	3	33	64	94
24	21	52	80	111	141	172	202	233	4	34	65	95
25	22	53	81	112	142	173	203	234	5	35	66	96
26	23	54	82	113	143	174	204	235	6	36	67	97
27	24	55	83	114	144	175	205	236	7	37	68	98
28	25	56	84	115	145	176	206	237	8	38	69	99
29	26		85	116	146	177	207	238	9	39	70	100
30	27		86	117	147	178	208	239	10	40	71	101
31	28		87		148		209	240		41		102

2002・1950年

	1月	2月	3月	4月	5月	6月	7月	8月	9月	10月	11月	12月
1	103	134	162	193	223	254	24	55	86	116	147	177
2	104	135	163	194	224	255	25	56	87	117	148	178
3	105	136	164	195	225	256	26	57	88	118	149	179
4	106	137	165	196	226	257	27	58	89	119	150	180
5	107	138	166	197	227	258	28	59	90	120	151	181
6	108	139	167	198	228	259	29	60	91	121	152	182
7	109	140	168	199	229	260	30	61	92	122	153	183
8	110	141	169	200	230	1	31	62	93	123	154	184
9	111	142	170	201	231	2	32	63	94	124	155	185
10	112	143	171	202	232	3	33	64	95	125	156	186
11	113	144	172	203	233	4	34	65	96	126	157	187
12	114	145	173	204	234	5	35	66	97	127	158	188
13	115	146	174	205	235	6	36	67	98	128	159	189
14	116	147	175	206	236	7	37	68	99	129	160	190
15	117	148	176	207	237	8	38	69	100	130	161	191
16	118	149	177	208	238	9	39	70	101	131	162	192
17	119	150	178	209	239	10	40	71	102	132	163	193
18	120	151	179	210	240	11	41	72	103	133	164	194
19	121	152	180	211	241	12	42	73	104	134	165	195
20	122	153	181	212	242	13	43	74	105	135	166	196
21	123	154	182	213	243	14	44	75	106	136	167	197
22	124	155	183	214	244	15	45	76	107	137	168	198
23	125	156	184	215	245	16	46	77	108	138	169	199
24	126	157	185	216	246	17	47	78	109	139	170	200
25	127	158	186	217	247	18	48	79	110	140	171	201
26	128	159	187	218	248	19	49	80	111	141	172	202
27	129	160	188	219	249	20	50	81	112	142	173	203
28	130	161	189	220	250	21	51	82	113	143	174	204
29	131		190	221	251	22	52	83	114	144	175	205
30	132		191	222	252	23	53	84	115	145	176	206
31	133		192		253		54	85		146		207

2003・1951年

	1月	2月	3月	4月	5月	6月	7月	8月	9月	10月	11月	12月
1	208	239	7	38	68	99	129	160	191	221	252	22
2	209	240	8	39	69	100	130	161	192	222	253	23
3	210	241	9	40	70	101	131	162	193	223	254	24
4	211	242	10	41	71	102	132	163	194	224	255	25
5	212	243	11	42	72	103	133	164	195	225	256	26
6	213	244	12	43	73	104	134	165	196	226	257	27
7	214	245	13	44	74	105	135	166	197	227	258	28
8	215	246	14	45	75	106	136	167	198	228	259	29
9	216	247	15	46	76	107	137	168	199	229	260	30
10	217	248	16	47	77	108	138	169	200	230	1	31
11	218	249	17	48	78	109	139	170	201	231	2	32
12	219	250	18	49	79	110	140	171	202	232	3	33
13	220	251	19	50	80	111	141	172	203	233	4	34
14	221	252	20	51	81	112	142	173	204	234	5	35
15	222	253	21	52	82	113	143	174	205	235	6	36
16	223	254	22	53	83	114	144	175	206	236	7	37
17	224	255	23	54	84	115	145	176	207	237	8	38
18	225	256	24	55	85	116	146	177	208	238	9	39
19	226	257	25	56	86	117	147	178	209	239	10	40
20	227	258	26	57	87	118	148	179	210	240	11	41
21	228	259	27	58	88	119	149	180	211	241	12	42
22	229	260	28	59	89	120	150	181	212	242	13	43
23	230	1	29	60	90	121	151	182	213	243	14	44
24	231	2	30	61	91	122	152	183	214	244	15	45
25	232	3	31	62	92	123	153	184	215	245	16	46
26	233	4	32	63	93	124	154	185	216	246	17	47
27	234	5	33	64	94	125	155	186	217	247	18	48
28	235	6	34	65	95	126	156	187	218	248	19	49
29	236		35	66	96	127	157	188	219	249	20	50
30	237		36	67	97	128	158	189	220	250	21	51
31	238		37		98		159	190		251		52

西暦とマヤ暦の対照表

2004・1952年

	1月	2月	3月	4月	5月	6月	7月	8月	9月	10月	11月	12月
1	53	84	113	143	173	204	234	5	36	66	97	127
2	54	85	114	144	174	205	235	6	37	67	98	128
3	55	86	115	145	175	206	236	7	38	68	99	129
4	56	87	116	146	176	207	237	8	39	69	100	130
5	57	88	117	147	177	208	238	9	40	70	101	131
6	58	89	118	148	178	209	239	10	41	71	102	132
7	59	90	119	149	179	210	240	11	42	72	103	133
8	60	91	120	150	180	211	241	12	43	73	104	134
9	61	92	121	151	181	212	242	13	44	74	105	135
10	62	93	122	152	182	213	243	14	45	75	106	136
11	63	94	123	153	183	214	244	15	46	76	107	137
12	64	95	124	154	184	215	245	16	47	77	108	138
13	65	96	125	155	185	216	246	17	48	78	109	139
14	66	97	126	156	186	217	247	18	49	79	110	140
15	67	98	127	157	187	218	248	19	50	80	111	141
16	68	99	128	158	188	219	249	20	51	81	112	142
17	69	100	129	159	189	220	250	21	52	82	113	143
18	70	101	130	160	190	221	251	22	53	83	114	144
19	71	102	131	161	191	222	252	23	54	84	115	145
20	72	103	132	162	192	223	253	24	55	85	116	146
21	73	104	133	163	193	224	254	25	56	86	117	147
22	74	105	134	164	194	225	255	26	57	87	118	148
23	75	106	135	165	195	226	256	27	58	88	119	149
24	76	107	136	166	196	227	257	28	59	89	120	150
25	77	108	137	167	197	228	258	29	60	90	121	151
26	78	109	138	168	198	229	259	30	61	91	122	152
27	79	110	139	169	199	230	260	31	62	92	123	153
28	80	111	140	170	200	231	1	32	63	93	124	154
29	81	112	141	171	201	232	2	33	64	94	125	155
30	82		142	172	202	233	3	34	65	95	126	156
31	83		143		203		4	35		96		157

2005・1953年

	1月	2月	3月	4月	5月	6月	7月	8月	9月	10月	11月	12月
1	158	189	217	248	18	49	79	110	141	171	202	232
2	159	190	218	249	19	50	80	111	142	172	203	233
3	160	191	219	250	20	51	81	112	143	173	204	234
4	161	192	220	251	21	52	82	113	144	174	205	235
5	162	193	221	252	22	53	83	114	145	175	206	236
6	163	194	222	253	23	54	84	115	146	176	207	237
7	164	195	223	254	24	55	85	116	147	177	208	238
8	165	196	224	255	25	56	86	117	148	178	209	239
9	166	197	225	256	26	57	87	118	149	179	210	240
10	167	198	226	257	27	58	88	119	150	180	211	241
11	168	199	227	258	28	59	89	120	151	181	212	242
12	169	200	228	259	29	60	90	121	152	182	213	243
13	170	201	229	260	30	61	91	122	153	183	214	244
14	171	202	230	1	31	62	92	123	154	184	215	245
15	172	203	231	2	32	63	93	124	155	185	216	246
16	173	204	232	3	33	64	94	125	156	186	217	247
17	174	205	233	4	34	65	95	126	157	187	218	248
18	175	206	234	5	35	66	96	127	158	188	219	249
19	176	207	235	6	36	67	97	128	159	189	220	250
20	177	208	236	7	37	68	98	129	160	190	221	251
21	178	209	237	8	38	69	99	130	161	191	222	252
22	179	210	238	9	39	70	100	131	162	192	223	253
23	180	211	239	10	40	71	101	132	163	193	224	254
24	181	212	240	11	41	72	102	133	164	194	225	255
25	182	213	241	12	42	73	103	134	165	195	226	256
26	183	214	242	13	43	74	104	135	166	196	227	257
27	184	215	243	14	44	75	105	136	167	197	228	258
28	185	216	244	15	45	76	106	137	168	198	229	259
29	186		245	16	46	77	107	138	169	199	230	260
30	187		246	17	47	78	108	139	170	200	231	1
31	188		247		48		109	140		201		2

2006・1954年

	1月	2月	3月	4月	5月	6月	7月	8月	9月	10月	11月	12月
1	3	34	62	93	123	154	184	215	246	16	47	77
2	4	35	63	94	124	155	185	216	247	17	48	78
3	5	36	64	95	125	156	186	217	248	18	49	79
4	6	37	65	96	126	157	187	218	249	19	50	80
5	7	38	66	97	127	158	188	219	250	20	51	81
6	8	39	67	98	128	159	189	220	251	21	52	82
7	9	40	68	99	129	160	190	221	252	22	53	83
8	10	41	69	100	130	161	191	222	253	23	54	84
9	11	42	70	101	131	162	192	223	254	24	55	85
10	12	43	71	102	132	163	193	224	255	25	56	86
11	13	44	72	103	133	164	194	225	256	26	57	87
12	14	45	73	104	134	165	195	226	257	27	58	88
13	15	46	74	105	135	166	196	227	258	28	59	89
14	16	47	75	106	136	167	197	228	259	29	60	90
15	17	48	76	107	137	168	198	229	260	30	61	91
16	18	49	77	108	138	169	199	230	1	31	62	92
17	19	50	78	109	139	170	200	231	2	32	63	93
18	20	51	79	110	140	171	201	232	3	33	64	94
19	21	52	80	111	141	172	202	233	4	34	65	95
20	22	53	81	112	142	173	203	234	5	35	66	96
21	23	54	82	113	143	174	204	235	6	36	67	97
22	24	55	83	114	144	175	205	236	7	37	68	98
23	25	56	84	115	145	176	206	237	8	38	69	99
24	26	57	85	116	146	177	207	238	9	39	70	100
25	27	58	86	117	147	178	208	239	10	40	71	101
26	28	59	87	118	148	179	209	240	11	41	72	102
27	29	60	88	119	149	180	210	241	12	42	73	103
28	30	61	89	120	150	181	211	242	13	43	74	104
29	31		90	121	151	182	212	243	14	44	75	105
30	32		91	122	152	183	213	244	15	45	76	106
31	33		92		153		214	245		46		107

2007・1955年

	1月	2月	3月	4月	5月	6月	7月	8月	9月	10月	11月	12月
1	108	139	167	198	228	259	29	60	91	121	152	182
2	109	140	168	199	229	260	30	61	92	122	153	183
3	110	141	169	200	230	1	31	62	93	123	154	184
4	111	142	170	201	231	2	32	63	94	124	155	185
5	112	143	171	202	232	3	33	64	95	125	156	186
6	113	144	172	203	233	4	34	65	96	126	157	187
7	114	145	173	204	234	5	35	66	97	127	158	188
8	115	146	174	205	235	6	36	67	98	128	159	189
9	116	147	175	206	236	7	37	68	99	129	160	190
10	117	148	176	207	237	8	38	69	100	130	161	191
11	118	149	177	208	238	9	39	70	101	131	162	192
12	119	150	178	209	239	10	40	71	102	132	163	193
13	120	151	179	210	240	11	41	72	103	133	164	194
14	121	152	180	211	241	12	42	73	104	134	165	195
15	122	153	181	212	242	13	43	74	105	135	166	196
16	123	154	182	213	243	14	44	75	106	136	167	197
17	124	155	183	214	244	15	45	76	107	137	168	198
18	125	156	184	215	245	16	46	77	108	138	169	199
19	126	157	185	216	246	17	47	78	109	139	170	200
20	127	158	186	217	247	18	48	79	110	140	171	201
21	128	159	187	218	248	19	49	80	111	141	172	202
22	129	160	188	219	249	20	50	81	112	142	173	203
23	130	161	189	220	250	21	51	82	113	143	174	204
24	131	162	190	221	251	22	52	83	114	144	175	205
25	132	163	191	222	252	23	53	84	115	145	176	206
26	133	164	192	223	253	24	54	85	116	146	177	207
27	134	165	193	224	254	25	55	86	117	147	178	208
28	135	166	194	225	255	26	56	87	118	148	179	209
29	136		195	226	256	27	57	88	119	149	180	210
30	137		196	227	257	28	58	89	120	150	181	211
31	138		197		258		59	90		151		212

西暦とマヤ暦の対照表

2008・1956年

	1月	2月	3月	4月	5月	6月	7月	8月	9月	10月	11月	12月
1	213	244	13	43	73	104	134	165	196	226	257	27
2	214	245	14	44	74	105	135	166	197	227	258	28
3	215	246	15	45	75	106	136	167	198	228	259	29
4	216	247	16	46	76	107	137	168	199	229	260	30
5	217	248	17	47	77	108	138	169	200	230	1	31
6	218	249	18	48	78	109	139	170	201	231	2	32
7	219	250	19	49	79	110	140	171	202	232	3	33
8	220	251	20	50	80	111	141	172	203	233	4	34
9	221	252	21	51	81	112	142	173	204	234	5	35
10	222	253	22	52	82	113	143	174	205	235	6	36
11	223	254	23	53	83	114	144	175	206	236	7	37
12	224	255	24	54	84	115	145	176	207	237	8	38
13	225	256	25	55	85	116	146	177	208	238	9	39
14	226	257	26	56	86	117	147	178	209	239	10	40
15	227	258	27	57	87	118	148	179	210	240	11	41
16	228	259	28	58	88	119	149	180	211	241	12	42
17	229	260	29	59	89	120	150	181	212	242	13	43
18	230	1	30	60	90	121	151	182	213	243	14	44
19	231	2	31	61	91	122	152	183	214	244	15	45
20	232	3	32	62	92	123	153	184	215	245	16	46
21	233	4	33	63	93	124	154	185	216	246	17	47
22	234	5	34	64	94	125	155	186	217	247	18	48
23	235	6	35	65	95	126	156	187	218	248	19	49
24	236	7	36	66	96	127	157	188	219	249	20	50
25	237	8	37	67	97	128	158	189	220	250	21	51
26	238	9	38	68	98	129	159	190	221	251	22	52
27	239	10	39	69	99	130	160	191	222	252	23	53
28	240	11	40	70	100	131	161	192	223	253	24	54
29	241	12	41	71	101	132	162	193	224	254	25	55
30	242		42	72	102	133	163	194	225	255	26	56
31	243		43		103		164	195		256		57

2009・1957年

	1月	2月	3月	4月	5月	6月	7月	8月	9月	10月	11月	12月
1	58	89	117	148	178	209	239	10	41	71	102	132
2	59	90	118	149	179	210	240	11	42	72	103	133
3	60	91	119	150	180	211	241	12	43	73	104	134
4	61	92	120	151	181	212	242	13	44	74	105	135
5	62	93	121	152	182	213	243	14	45	75	106	136
6	63	94	122	153	183	214	244	15	46	76	107	137
7	64	95	123	154	184	215	245	16	47	77	108	138
8	65	96	124	155	185	216	246	17	48	78	109	139
9	66	97	125	156	186	217	247	18	49	79	110	140
10	67	98	126	157	187	218	248	19	50	80	111	141
11	68	99	127	158	188	219	249	20	51	81	112	142
12	69	100	128	159	189	220	250	21	52	82	113	143
13	70	101	129	160	190	221	251	22	53	83	114	144
14	71	102	130	161	191	222	252	23	54	84	115	145
15	72	103	131	162	192	223	253	24	55	85	116	146
16	73	104	132	163	193	224	254	25	56	86	117	147
17	74	105	133	164	194	225	255	26	57	87	118	148
18	75	106	134	165	195	226	256	27	58	88	119	149
19	76	107	135	166	196	227	257	28	59	89	120	150
20	77	108	136	167	197	228	258	29	60	90	121	151
21	78	109	137	168	198	229	259	30	61	91	122	152
22	79	110	138	169	199	230	260	31	62	92	123	153
23	80	111	139	170	200	231	1	32	63	93	124	154
24	81	112	140	171	201	232	2	33	64	94	125	155
25	82	113	141	172	202	233	3	34	65	95	126	156
26	83	114	142	173	203	234	4	35	66	96	127	157
27	84	115	143	174	204	235	5	36	67	97	128	158
28	85	116	144	175	205	236	6	37	68	98	129	159
29	86		145	176	206	237	7	38	69	99	130	160
30	87		146	177	207	238	8	39	70	100	131	161
31	88		147		208		9	40		101		162

2010・1958年

	1月	2月	3月	4月	5月	6月	7月	8月	9月	10月	11月	12月
1	163	194	222	253	23	54	84	115	146	176	207	237
2	164	195	223	254	24	55	85	116	147	177	208	238
3	165	196	224	255	25	56	86	117	148	178	209	239
4	166	197	225	256	26	57	87	118	149	179	210	240
5	167	198	226	257	27	58	88	119	150	180	211	241
6	168	199	227	258	28	59	89	120	151	181	212	242
7	169	200	228	259	29	60	90	121	152	182	213	243
8	170	201	229	260	30	61	91	122	153	183	214	244
9	171	202	230	1	31	62	92	123	154	184	215	245
10	172	203	231	2	32	63	93	124	155	185	216	246
11	173	204	232	3	33	64	94	125	156	186	217	247
12	174	205	233	4	34	65	95	126	157	187	218	248
13	175	206	234	5	35	66	96	127	158	188	219	249
14	176	207	235	6	36	67	97	128	159	189	220	250
15	177	208	236	7	37	68	98	129	160	190	221	251
16	178	209	237	8	38	69	99	130	161	191	222	252
17	179	210	238	9	39	70	100	131	162	192	223	253
18	180	211	239	10	40	71	101	132	163	193	224	254
19	181	212	240	11	41	72	102	133	164	194	225	255
20	182	213	241	12	42	73	103	134	165	195	226	256
21	183	214	242	13	43	74	104	135	166	196	227	257
22	184	215	243	14	44	75	105	136	167	197	228	258
23	185	216	244	15	45	76	106	137	168	198	229	259
24	186	217	245	16	46	77	107	138	169	199	230	260
25	187	218	246	17	47	78	108	139	170	200	231	1
26	188	219	247	18	48	79	109	140	171	201	232	2
27	189	220	248	19	49	80	110	141	172	202	233	3
28	190	221	249	20	50	81	111	142	173	203	234	4
29	191		250	21	51	82	112	143	174	204	235	5
30	192		251	22	52	83	113	144	175	205	236	6
31	193		252		53		114	145		206		7

2011・1959年

	1月	2月	3月	4月	5月	6月	7月	8月	9月	10月	11月	12月
1	8	39	67	98	128	159	189	220	251	21	52	82
2	9	40	68	99	129	160	190	221	252	22	53	83
3	10	41	69	100	130	161	191	222	253	23	54	84
4	11	42	70	101	131	162	192	223	254	24	55	85
5	12	43	71	102	132	163	193	224	255	25	56	86
6	13	44	72	103	133	164	194	225	256	26	57	87
7	14	45	73	104	134	165	195	226	257	27	58	88
8	15	46	74	105	135	166	196	227	258	28	59	89
9	16	47	75	106	136	167	197	228	259	29	60	90
10	17	48	76	107	137	168	198	229	260	30	61	91
11	18	49	77	108	138	169	199	230	1	31	62	92
12	19	50	78	109	139	170	200	231	2	32	63	93
13	20	51	79	110	140	171	201	232	3	33	64	94
14	21	52	80	111	141	172	202	233	4	34	65	95
15	22	53	81	112	142	173	203	234	5	35	66	96
16	23	54	82	113	143	174	204	235	6	36	67	97
17	24	55	83	114	144	175	205	236	7	37	68	98
18	25	56	84	115	145	176	206	237	8	38	69	99
19	26	57	85	116	146	177	207	238	9	39	70	100
20	27	58	86	117	147	178	208	239	10	40	71	101
21	28	59	87	118	148	179	209	240	11	41	72	102
22	29	60	88	119	149	180	210	241	12	42	73	103
23	30	61	89	120	150	181	211	242	13	43	74	104
24	31	62	90	121	151	182	212	243	14	44	75	105
25	32	63	91	122	152	183	213	244	15	45	76	106
26	33	64	92	123	153	184	214	245	16	46	77	107
27	34	65	93	124	154	185	215	246	17	47	78	108
28	35	66	94	125	155	186	216	247	18	48	79	109
29	36		95	126	156	187	217	248	19	49	80	110
30	37		96	127	157	188	218	249	20	50	81	111
31	38		97		158		219	250		51		112

西暦とマヤ暦の対照表

2012・1960年

	1月	2月	3月	4月	5月	6月	7月	8月	9月	10月	11月	12月
1	113	144	173	203	233	4	34	65	96	126	157	187
2	114	145	174	204	234	5	35	66	97	127	158	188
3	115	146	175	205	235	6	36	67	98	128	159	189
4	116	147	176	206	236	7	37	68	99	129	160	190
5	117	148	177	207	237	8	38	69	100	130	161	191
6	118	149	178	208	238	9	39	70	101	131	162	192
7	119	150	179	209	239	10	40	71	102	132	163	193
8	120	151	180	210	240	11	41	72	103	133	164	194
9	121	152	181	211	241	12	42	73	104	134	165	195
10	122	153	182	212	242	13	43	74	105	135	166	196
11	123	154	183	213	243	14	44	75	106	136	167	197
12	124	155	184	214	244	15	45	76	107	137	168	198
13	125	156	185	215	245	16	46	77	108	138	169	199
14	126	157	186	216	246	17	47	78	109	139	170	200
15	127	158	187	217	247	18	48	79	110	140	171	201
16	128	159	188	218	248	19	49	80	111	141	172	202
17	129	160	189	219	249	20	50	81	112	142	173	203
18	130	161	190	220	250	21	51	82	113	143	174	204
19	131	162	191	221	251	22	52	83	114	144	175	205
20	132	163	192	222	252	23	53	84	115	145	176	206
21	133	164	193	223	253	24	54	85	116	146	177	207
22	134	165	194	224	254	25	55	86	117	147	178	208
23	135	166	195	225	255	26	56	87	118	148	179	209
24	136	167	196	226	256	27	57	88	119	149	180	210
25	137	168	197	227	257	28	58	89	120	150	181	211
26	138	169	198	228	258	29	59	90	121	151	182	212
27	139	170	199	229	259	30	60	91	122	152	183	213
28	140	171	200	230	260	31	61	92	123	153	184	214
29	141	172	201	231	1	32	62	93	124	154	185	215
30	142		202	232	2	33	63	94	125	155	186	216
31	143		203		3		64	95		156		217

2013・1961年

	1月	2月	3月	4月	5月	6月	7月	8月	9月	10月	11月	12月
1	218	249	17	48	78	109	139	170	201	231	2	32
2	219	250	18	49	79	110	140	171	202	232	3	33
3	220	251	19	50	80	111	141	172	203	233	4	34
4	221	252	20	51	81	112	142	173	204	234	5	35
5	222	253	21	52	82	113	143	174	205	235	6	36
6	223	254	22	53	83	114	144	175	206	236	7	37
7	224	255	23	54	84	115	145	176	207	237	8	38
8	225	256	24	55	85	116	146	177	208	238	9	39
9	226	257	25	56	86	117	147	178	209	239	10	40
10	227	258	26	57	87	118	148	179	210	240	11	41
11	228	259	27	58	88	119	149	180	211	241	12	42
12	229	260	28	59	89	120	150	181	212	242	13	43
13	230	1	29	60	90	121	151	182	213	243	14	44
14	231	2	30	61	91	122	152	183	214	244	15	45
15	232	3	31	62	92	123	153	184	215	245	16	46
16	233	4	32	63	93	124	154	185	216	246	17	47
17	234	5	33	64	94	125	155	186	217	247	18	48
18	235	6	34	65	95	126	156	187	218	248	19	49
19	236	7	35	66	96	127	157	188	219	249	20	50
20	237	8	36	67	97	128	158	189	220	250	21	51
21	238	9	37	68	98	129	159	190	221	251	22	52
22	239	10	38	69	99	130	160	191	222	252	23	53
23	240	11	39	70	100	131	161	192	223	253	24	54
24	241	12	40	71	101	132	162	193	224	254	25	55
25	242	13	41	72	102	133	163	194	225	255	26	56
26	243	14	42	73	103	134	164	195	226	256	27	57
27	244	15	43	74	104	135	165	196	227	257	28	58
28	245	16	44	75	105	136	166	197	228	258	29	59
29	246		45	76	106	137	167	198	229	259	30	60
30	247		46	77	107	138	168	199	230	260	31	61
31	248		47		108		169	200		1		62

〈主な参考文献〉

「マヤン・ファクター」ホゼ・アグェイアス　ヴォイス
「Dreamspell」ホゼ・アグェイアス　香港刊
「The Arcturus Probe」ホゼ・アグェイアス　Light Technology Publishing
「マヤ文明」石田英一郎　中公新書
「マヤ文明」ポール・ジャンドロ　白水社
「マヤ文明の謎」青木晴夫　講談社現代新書
「マヤ文明」デイヴィッド・アダムソン　法政大学出版局
「古代マヤ王歴代誌」S・マーティン、N・グルーベ共著　創元社
「アステカ・マヤの神話」カール・タウベ　丸善ブックス
「マヤ文明　新たなる真実」実松克義　講談社
「マヤの預言」A・ギルバート、M・コットレル　凱風社
「神々の世界　上」グラハム・ハンコック　小学館
「神々の世界　下」グラハム・ハンコック　小学館
「石器時代文明の驚異」リチャード・ラジリー　河出書房新社
「西暦535年の大噴火」デイヴィッド・キーズ　文芸春秋
「遺物は語る　化学が解く古代の謎」ジョーゼフ・B・ランバート　青土社
「マヤ／グァテマラ＆ベリーズ」辻丸純一　雷鳥社
「マヤ・アステカの神話」アイリーン・ニコルソン　青土社
「古代アナトリアの遺産」立田洋司　近藤出版社

「聖書物語 旧約編」山形孝夫 河出書房新社
「考古学のための年代測定学入門」長友恒人編 古今書院
「マヤ神話 ポポル・ヴフ」A・レシーノス 中央公論新社
「マヤ・インカ神話伝説集」松村武雄編 社会思想社 教養文庫
「新しい時間の発見」ホゼ&ロイディーン・アグェイアス著 風雲舎
「マヤ・アステカ 太陽の文明」吉村作治 平凡社
「超古代史入門 石炭紀に遡る地球文明の謎」佐治芳彦 徳間書店
「クリティアス」「ティマイオス」プラトン 世界の名著プラトン2 中央公論社
「プラトン全集12」種山恭子訳 岩波書店
「世界の歴史1、人類の起源と古代オリエント」D・M・ジョーズ他 原書房
「世界の神話百科 アメリカ編」中央公論社
「世界の名著 ベルクソン」中央公論社
「2012年の黙示録」なわふみとき たま出版
「すでにアセンションしている人たち」櫻庭雅文 徳間書店
「古代マヤ暦 13の音占い」越川宗亮 コスモトゥーワン
「古代マヤ暦 20の刻印」越川宗亮 コスモトゥーワン

古代マヤ暦ミラクル子育て

2011年11月12日　第1刷発行
2023年12月1日　第9刷発行

著　者 ―――― 越川宗亮

発行人 ―――― 山崎　優

発行所 ―――― コスモ21
〒171-0021　東京都豊島区西池袋2-39-6-8F
☎03(3988)3911
FAX03(3988)7062
URL http://www.cos21.com/

印刷・製本 ―― 中央精版印刷株式会社

落丁本・乱丁本は本社でお取替えいたします

©Sohsuke Koshikawa 2011, Printed in Japan
定価はカバーに表示してあります。

ISBN978-4-87795-223-5　C0030

古代マヤ暦「13の音」シンクロ実践編

あなたの人生をリズムに乗せ加速させる秘法

マヤが教える不思議な人生の13年サイクルとは？

初公開‼ 「260日、日々の言葉（カレンダー）」付

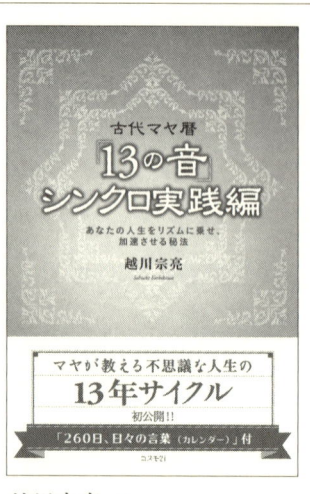

越川宗亮 著
1,800円（税別） 四六上製192頁

本書の主な内容

- プロローグ 「音」があなたの人生を決定する
- 1章 マヤ「13の音」に秘められた驚くべき特色と役割とは
- 2章 マヤが教える不思議で奥深い人生の13年サイクル
- 3章 深遠な宇宙の流れを見方に日々を有意義に生きる
- エピローグ マヤの実践で充実した生活を

奥深いマヤの叡智がここに集結‼